La Pandémie de Grippe Espagnole de 1918 : Histoire et Héritage de L'épidémie de Grippe la plus Meurtrière au Monde

Par Charles River Editors

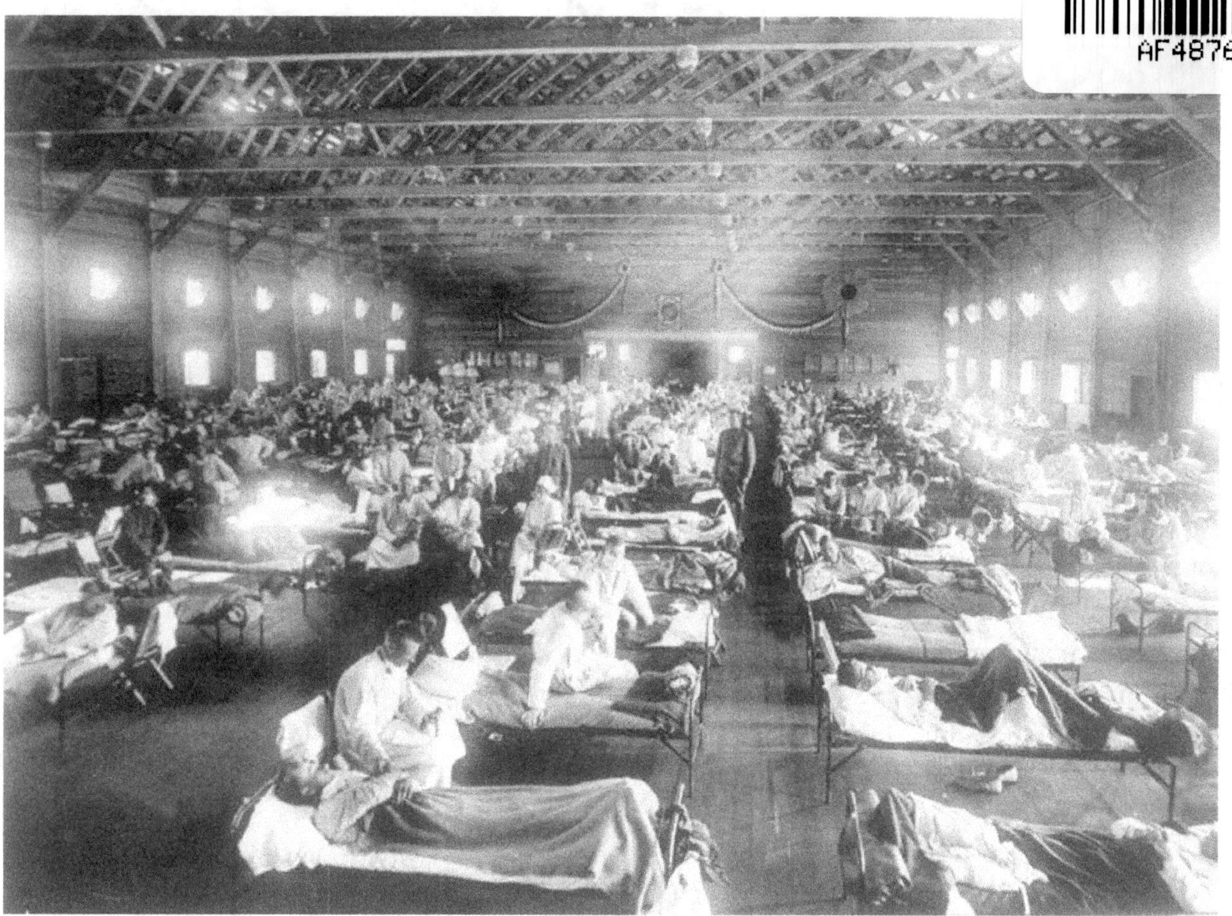

Soldats américains atteints de la grippe au Camp Funston, Kansas, 1918

Introduction

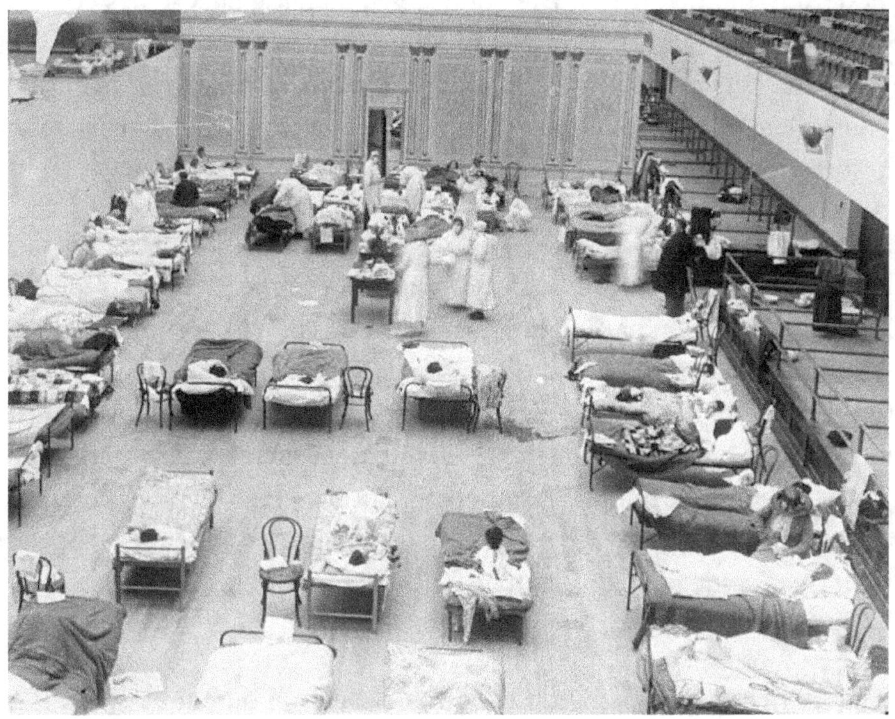

Malades dans un hôpital de fortune à l'auditorium municipal d'Oakland

La Pandémie de Grippe Espagnoles de 1918

« L'une des caractéristiques surprenantes de la pandémie a été sa flambée soudaine et son déclin tout aussi rapide, évoquant un incendie, qui, après avoir consumé une substance hautement inflammable, s'est éteint dès que la réserve de matière s'est épuisée. Il y a tout lieu de croire que, quelques semaines après son apparition, l'infection était mondialement présente dans le nez et la gorge de tous les gens, que d'innombrables porteurs disséminaient dans les aérosols, tout simplement en parlant, mais aussi par la toux et les éternuements des malades. La sensibilité au virus était générale, bien qu'elle ait beaucoup varié en intensité. Parmi ceux qui ont pu échapper à la forme grave de la maladie, presque tous se souviennent d'avoir eu le nez bouché ou qui coule, une sensation de picotement dans la gorge, une toux, ou des douleurs, à un moment donné durant la période de prévalence de la maladie. Ces symptômes représentaient probablement le prix à payer pour l'immunisation. Cette sensibilité est étroitement liée à la parenté des individus, comme le montre le fait que, dans certaines familles, chaque membre a développé la maladie sous une forme bien marquée, tandis que dans d'autres, il n'y a pas eu de cas avéré, bien que l'exposition à l'infection ait eu lieu. Les personnes très âgées et les très jeunes se sont montrées, dans l'ensemble, moins sensibles. » – Docteur Bernard Fantus

À bien des égards, il est difficile pour les occidentaux contemporains de concevoir qu'une pandémie puisse se propager dans le monde entier et tuer des millions de personnes, et il est encore plus difficile de réaliser qu'une maladie aussi courante que la grippe puisse causer une telle épidémie et de si nombreux décès. Bien que la grippe fasse encore des centaines de victimes chaque année, la plupart des personnes qui en meurent sont soit très jeunes ou âgées, soit atteintes d'une autre maladie qui les a déjà affaiblies. En fait, la plupart des gens contractent la grippe au moins une fois, et beaucoup en souffrent plusieurs fois dans leur vie et y survivent avec un minimum de soins médicaux.

En 1918, le monde était encore en proie à la Grande Guerre, le conflit le plus meurtrier de l'histoire de l'humanité à ce moment-là. Mais alors que la Première Guerre mondiale a été une catastrophe, surpassée seulement par la Seconde Guerre mondiale, une épidémie de grippe sans précédent allait faire, cette même année, un nombre de victimes à faire pâlir les deux guerres en comparaison. Cette maladie, ou plus probablement ensemble de symptômes, la grippe espagnole, s'est rapidement répandue dans le monde et a probablement tué plus de 100 millions de personnes, décimant les pays développés et anéantissant près de 5 % de la population mondiale. La guerre en cours et la censure exercée par les pays concernés ont peut-être conduit à sous-estimer le bilan réel de l'épidémie, compte tenu de la façon dont les décès de soldats ont été comptabilisés.

La Première Guerre mondiale a peut-être détourné l'attention du public sur la nature sans précédent de l'épidémie, mais l'aspect le plus alarmant de l'épidémie de 1918 a été le caractère aveugle avec lequel le fléau a attaqué jeunes et moins jeunes, personnes en bonne santé et malades, riches et pauvres. En fait, le nom populaire de l'épidémie faisait référence au fait que même le roi d'Espagne avait été frappé par la maladie. Si lui et le président Woodrow Wilson ont finalement réussi à y échapper, l'ancienne première dame des États-Unis, Rose Cleveland, n'y a pas survécu.

Le nombre stupéfiant de décès et la manière dont n'importe qui pouvait apparemment être victime de l'épidémie ont appris aux gens du début du vingtième siècle qu'en dépit des énormes progrès technologiques, et malgré l'impasse dans laquelle se trouvait la guerre, personne n'était à l'abri de la nature. Ceci a bien sûr aussi montré que l'on pouvait faire beaucoup plus pour éviter que de tels événements ne se reproduisent. La pandémie de 1918 n'a été ni la première ni la dernière manifestation de la grippe, mais elle a été de loin la pire, et elle a changé à jamais le visage de la médecine et des soins de santé publique en Amérique du Nord et en Europe.

La Pandémie de Grippe espagnole de 1918 : Histoire et Héritage de l'Épidémie la plus Meurtrière au Monde retrace les ravages et les dégâts que la terrible maladie a causés à travers le monde. Grâce à de nombreuses photos et une bibliographie complète, vous allez découvrir l'épidémie de grippe de 1918 comme jamais encore auparavant, et en un rien de temps.

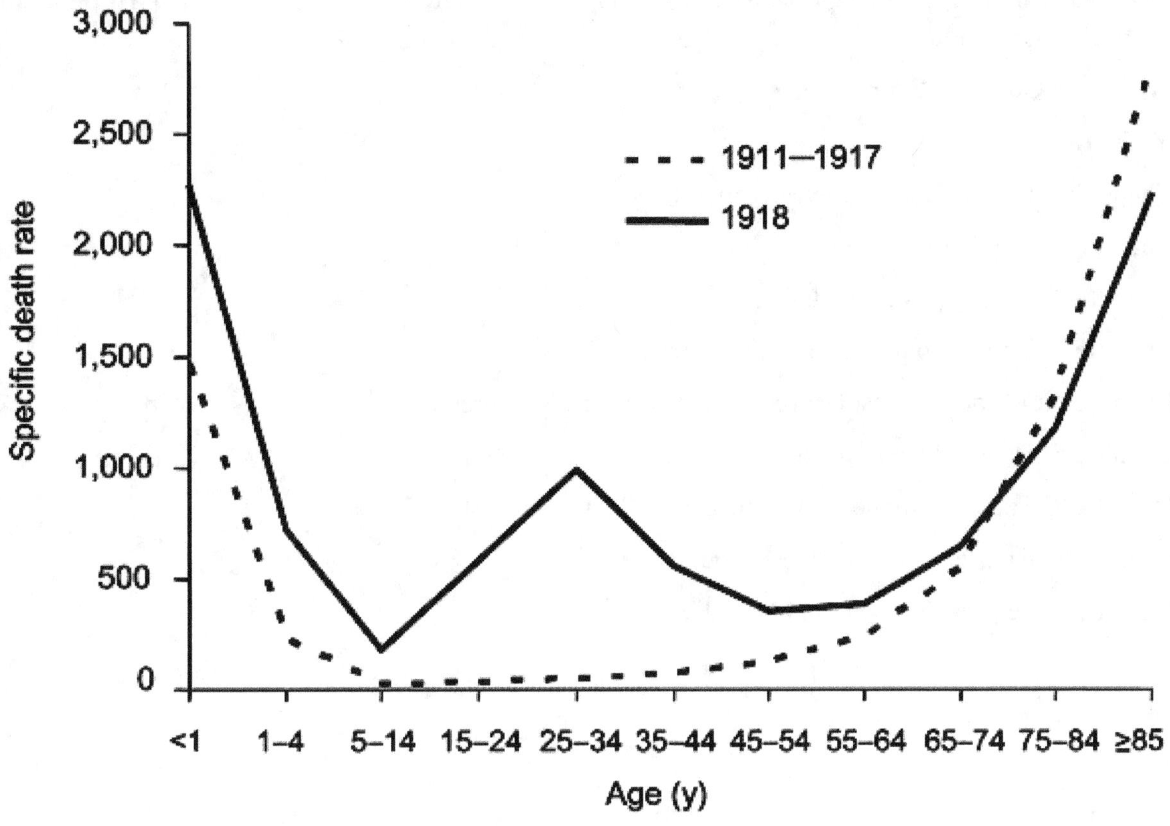

Graphique indiquant les taux de mortalité par âge pour la pandémie de grippe espagnole comparé aux années précédentes

La Pandémie de Grippe Espagnole de 1918 : Histoire et Héritage de L'épidémie de Grippe la plus Meurtrière au Monde

À propos de Charles River Editors

Introduction

Chapitre 1: Une Maladie Appelée Grippe Espagnole

« La maladie appelée "grippe espagnole" ressemble généralement à un "rhume" très contagieux accompagné de fièvre, de douleurs à la tête, aux yeux, aux oreilles, au dos ou à d'autres parties du corps, et d'une sensation de grand malaise. Dans la plupart des cas, les symptômes disparaissent au bout de trois ou quatre jours, le patient se rétablissant alors rapidement ; certains malades développent cependant une pneumonie, une otite, ou une méningite ; et beaucoup de ces cas compliqués décèdent. Parfois, les symptômes sont si légers que la maladie elle-même est insoupçonnée. La "grippe espagnole" est apparemment identique aux épidémies de grippe des années précédentes. À cet égard, il convient de souligner que la pandémie de 1889-1891 est apparue en Chine et s'est propagée en Russie, où elle a été baptisée "grippe chinoise". De Russie, elle s'est répandue dans toute l'Europe et a été qualifiée de "grippe russe". Introduite d'Europe aux États-Unis, elle a été appelée "grippe européenne", et enfin, lorsqu'elle a traversé le Pacifique pour atteindre le Japon, elle a été appelée "grippe américaine". » - Rapport du service de santé publique américain, préparé par le chirurgien général Rupert Blue

Rupert Blue

Annonce publique de l'époque (Prévention de la maladie - Attention : cracher, se moucher, éternuer, propage la grippe et la tuberculose)

Lorsque l'épidémie de grippe est apparue, elle ne pouvait pas survenir à un pire moment dans le monde occidental. La majeure partie de l'Europe était engagée dans une guerre continentale depuis 1914, et les États-Unis venaient tout juste de la rejoindre et continuaient à mobiliser et à envoyer des troupes de l'autre côté de l'Atlantique pour combattre. L'année précédente, la monarchie russe vieille de plusieurs siècles était tombée lors de la révolution bolchevique, et les habitants de tout le pays étaient affamés. Cependant, aussi mauvaise que soit la situation, le pire restait à venir, car le virus tuait plus que les balles. Après que la dernière fièvre soit passée et que la dernière quarantaine se soit terminée, le monde avait perdu 3 à 5 % de sa population.

Comme de nombreux foyers de contamination, la grippe espagnole a connu des débuts discrets, ce qui a augmenté ses chances de propagation et de mortalité. En fait, ce qui a rendu la grippe espagnole si dangereuse, c'est qu'elle a souvent commencé comme un simple rhume, ce qui a créé des difficultés pour deux raisons. D'une part, de nombreuses personnes pensaient qu'elles n'étaient pas gravement malades et continuaient donc à vaquer à leurs occupations quotidiennes, devenant elles-mêmes plus malades et contaminant ainsi d'autres personnes en entrant en contact avec un plus grand nombre d'individus. D'un autre côté, beaucoup de gens qui n'avaient qu'un rhume étaient victimes de panique, soit la leur car ils croyaient qu'ils avaient contracté une maladie mortelle, soit celle des autres qui les fuyaient.

Quoi qu'il en soit, ce que tout le monde a vite appris, c'est qu'une fois la grippe vraiment installée, le patient serait guéri ou mort en quelques jours seulement, et que personne ne pouvait faire grand-chose pour en modifier l'issue. Ironiquement, ce n'est pas la grippe qui a réellement tué les gens, mais la façon dont elle les a affaiblis, ce qui a permis à la pneumonie ou à la méningite de s'installer. Des décennies avant la découverte des antibiotiques, ces maladies étaient souvent des condamnations à mort, de sorte que ceux qui ne contractaient que la grippe survivaient, tandis que ceux qui souffraient de complications mouraient.

Les médecins qui tentaient de traiter les patients atteints de la grippe disposaient de nombreuses données sur lesquelles s'appuyer, mais ne comprenaient pas bien cette pandémie si particulière. La grippe a frappé régulièrement dans diverses villes du monde à partir du dix-septième siècle, et de nombreux médecins traitant la grippe en 1918 et 1919 avaient déjà vécu une épidémie similaire à la fin des années 1880 et au début des années 1890, tandis que ceux qui n'avaient pas connu cette pandémie l'avaient étudiée à l'école de médecine. Ainsi, s'ils connaissaient bien les symptômes et les causes, ils n'avaient toujours pas les moyens de la traiter, en raison non seulement d'un manque de connaissances, mais aussi de moyens techniques. En conséquence, les gens ont dû recourir à des méthodes utilisées dans le passé, même si elles se sont avérées pour la plupart inefficaces. Le docteur Fantus a ainsi expliqué : « Compte tenu de la prévalence mondiale de l'infection, la quarantaine était forcément inutile. Durant cette pandémie, le port de masques n'a pas eu d'effet protecteur plus important que la consommation de whisky à laquelle se livraient certains, ou les traditionnels colliers camphrés que l'on trouvait autour du cou de tant d'enfants atteints de la grippe. L'inutilité des masques pour se protéger contre l'infection a été démontrée par le fait que les infirmières, qui, de toutes les personnes, ont été spécialement habituées à les porter, étaient particulièrement sujettes à souffrir de l'infection. On le comprend aisément quand on sait que la conjonctive est en contact continu avec les muqueuses respiratoires et que l'œil, s'il n'est pas spécialement protégé, est particulièrement exposé au bombardement par des minuscules particules présentes dans l'air. Bien sûr, les masques restent toujours utiles pour protéger les autres contre l'infection par les aérosols du porteur. »

Une secrétaire portant un masque à New York en 1918

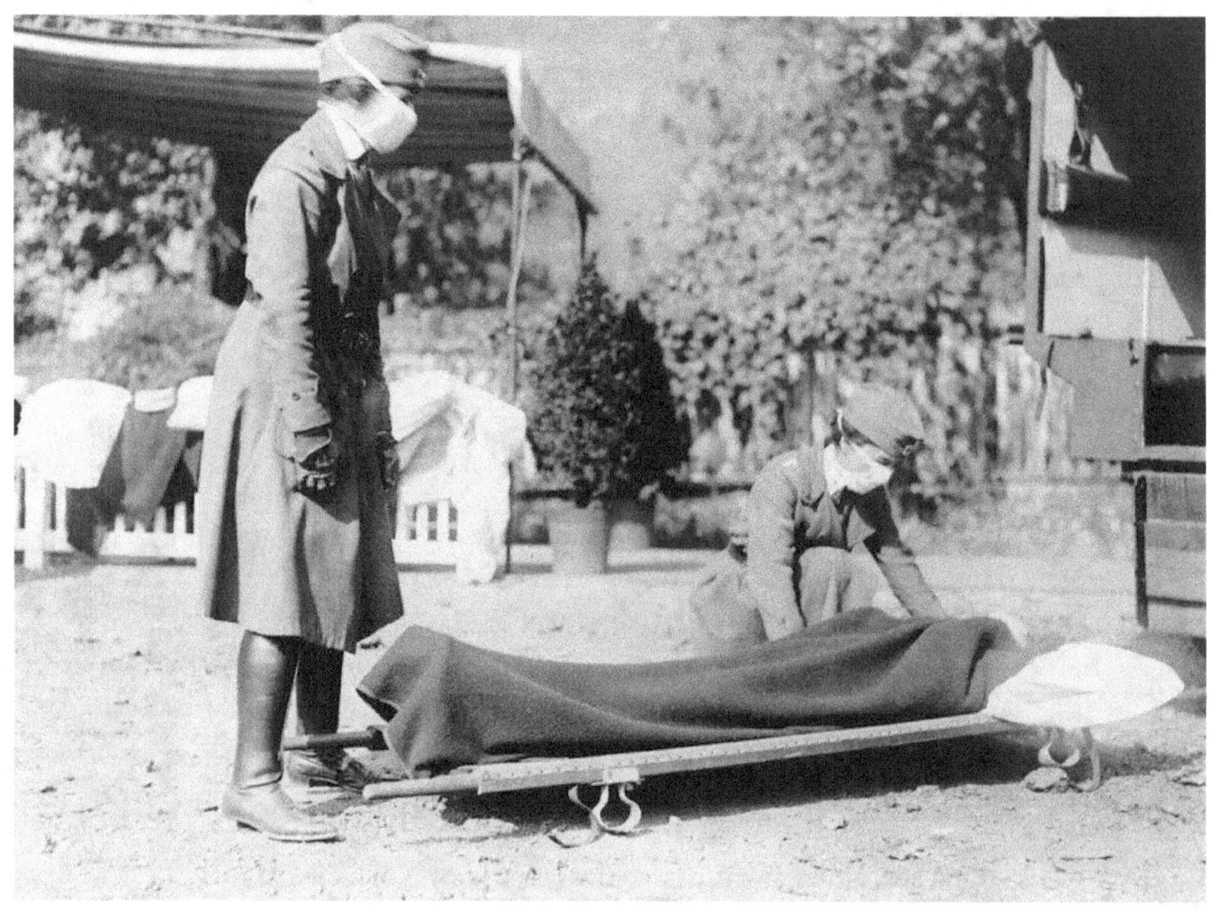

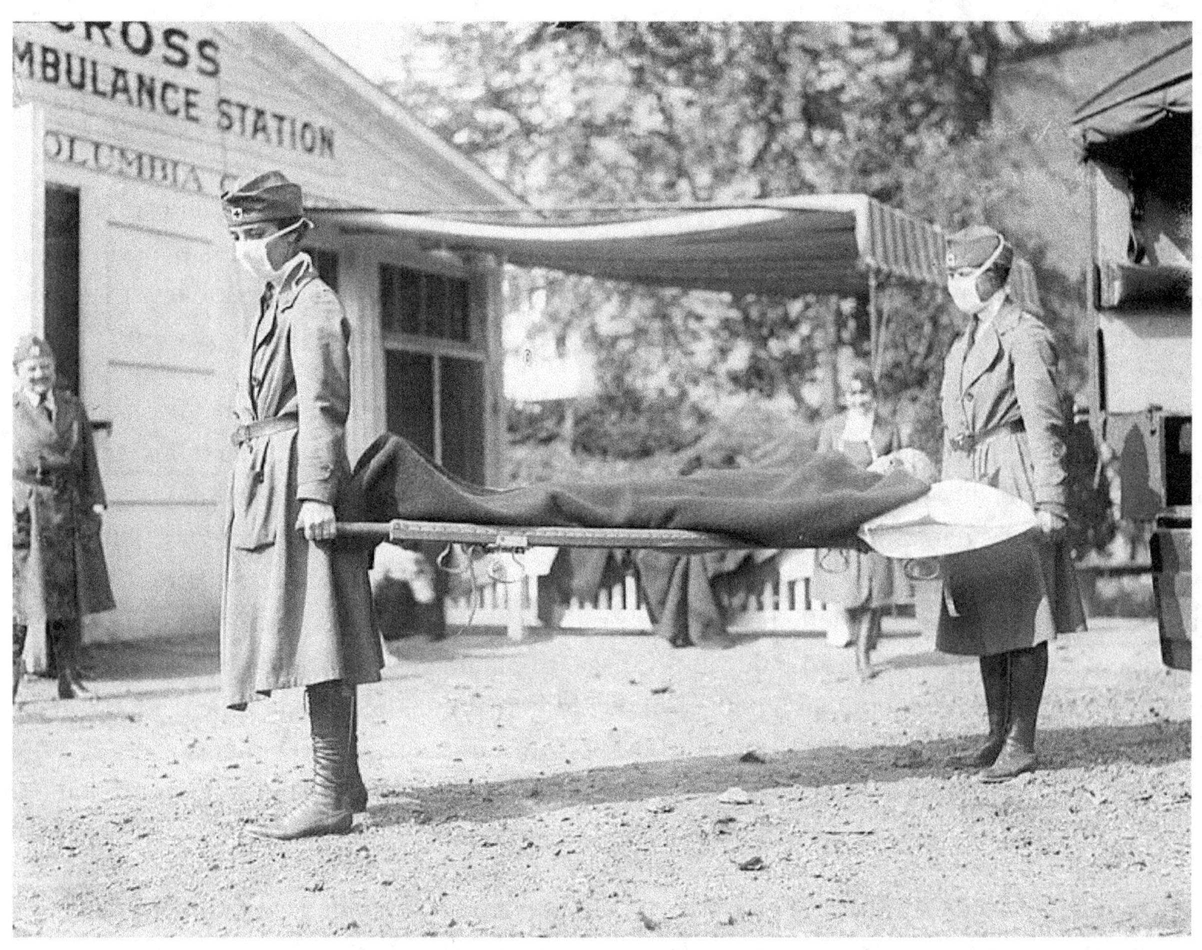

Photos d'un entraînement pratique au centre de secours de la Croix-Rouge à Washington, D.C.

« Il n'y a pas encore de moyen certain de reconnaître un cas isolé de "grippe espagnole" ; en revanche, la détection est plus facile lorsqu'il s'agit d'une série de cas. Contrairement aux épidémies de toux et de rhumes ordinaires, qui surviennent généralement pendant les mois froids, les épidémies de grippe peuvent se produire à n'importe quelle saison de l'année ; ainsi, la récente épidémie a fait rage de manière plus intense en Europe en mai, juin et juillet 1918. En outre, dans le cas des rhumes ordinaires, les symptômes généraux (fièvre, douleur, faiblesse) ne sont, en aucun cas, aussi graves ou aussi soudains dans leur apparition que dans le cas de la grippe. Enfin, les rhumes ordinaires ne se propagent pas dans la communauté aussi rapidement ou aussi largement que la grippe. » - Rapport du service de santé publique américain, préparé par le chirurgien général Rupert Blue

La première question qui se pose souvent concernant une épidémie est de savoir comment elle a commencé, et cela était souvent difficile à déterminer, car de nombreuses personnes devaient mourir avant qu'une maladie soit considérée comme suffisamment importante pour être remarquée et suivie. À ce moment-là, il était généralement impossible de déterminer avec certitude les origines biologiques du virus. Cela dit, la pandémie de 1918 a fait l'objet de recherches méticuleuses, et nombre des médecins et scientifiques qui l'ont étudiée ont conclu que la souche grippale provenait d'un hôpital militaire surpeuplé du territoire français déchiré par la guerre. La théorie suppose que ce virus, comme tant d'autres avant et après, s'est d'abord développé chez les oiseaux, puis a migré vers des porcs, qui étaient élevés dans un camp militaire voisin comme source de protéines. Dans le même ordre d'idées, d'autres pensent que les ouvriers asiatiques travaillant en Europe pour les armées pourraient avoir apporté une maladie respiratoire qui s'était développée en Chine en 1917.

Cependant, ces théories posent également problème, car au moment où elle a été constatée en France en août 1918, plusieurs cas de grippe avaient déjà été observés aux États-Unis, le premier ayant été enregistré au Kansas en janvier 1918. En fait, le docteur Loring Miner a observé suffisamment de cas dans son cabinet de Haskell County, au Kansas, pour écrire une lettre au service de santé publique américain afin de l'avertir d'un éventuel problème sanitaire. Mais la première épidémie à grande échelle ne s'est pas produite avant le 4 mars, lorsqu'Albert Gitchell s'est présenté à l'infirmerie de Fort Riley, au Kansas, se plaignant de symptômes ressemblant à ceux de la grippe. L'infirmier avait à peine fini de rédiger son dossier que la salle d'attente était remplie de soldats se plaignant de la même chose. L'infirmerie a reçu 100 patients avant le déjeuner ce jour-là et plus de 500 à la fin de la semaine. En un mois, 48 jeunes hommes en bonne santé sont morts, tués par la pneumonie qui a suivi la grippe.

Pendant que les soldats affluaient en masse à l'hôpital, leurs camarades en meilleure santé étaient chargés d'un programme de nettoyage plutôt désagréable. Le fort Riley abritait une importante unité de cavalerie avec des écuries pour des dizaines de chevaux, et le fumier avait été entassé pendant des mois, séchant tout au long de l'hiver. À l'approche du printemps, les officiers ordonnèrent de le brûler. Le 9 mars, l'énorme tas de fumier séché fut donc incendié, juste au moment où une forte tempête du Kansas démarrait. La fumée se transforma en un nuage jaune âcre qui couvrit la campagne, occultant même les rayons du soleil. Si la fumée ne pouvait pas propager les germes à l'origine de la grippe, elle pouvait par contre endommager les poumons des habitants exposés de la région, rendant ainsi toute la population plus vulnérable au fléau.

Comme le suggérait l'épidémie de Fort Riley, le principal terrain de multiplication de la grippe était celui des bases militaires qui se déployaient dans toute l'Amérique au début de 1918. L'Amérique était entrée dans la Première Guerre mondiale au mois d'octobre précédent, et de nombreux jeunes hommes étaient prêts à contribuer et à se joindre au combat. En conséquence, les camps devinrent rapidement surpeuplés de recrues et d'anciens combattants venus de tout le pays pour les former. Comme de plus en plus d'hommes tombaient malades, le gouvernement commença à faire venir des médecins de tout le pays pour les soigner. Un de ces médecins écrivit à un ami : « Il est fort probable que vous soyez intéressé par les nouvelles de la région, car il est possible que vous soyez affecté ici pour le service, donc, ayant une minute entre les tournées, je vais essayer de vous parler un peu de la situation ici telle que je l'ai vue la semaine dernière. Comme vous le savez, je n'ai pas vu beaucoup de pneumonies ces dernières années à Detroit, donc quand je suis arrivé ici, j'étais un peu en retard sur les subtilités de la méthode de diagnostic complexe de l'armée. De plus, j'ai été confronté la semaine dernière à une recrudescence de ma vieille "pourriture des oreilles", comme l'appelle Artie Ogle, et je ne pouvais plus du tout utiliser mon stéthoscope, j'ai dû me contenter de ma capacité à les "repérer" grâce à mes connaissances générales sur les pneumonies... »

Avec du recul, il était à la fois crucial, et presque impossible d'arrêter l'épidémie mondiale une fois que les soldats de ces bases avaient été embarqués sur des bateaux vers l'Europe. Les soldats américains propageaient la maladie qui atteignait leurs camarades et ennemis européens, qui à leur tour se chargeaient de la diffuser dans les foyers et les villages du continent. Un cercle vicieux s'est donc mis en place, dans lequel un homme pouvait sembler en bonne santé lorsqu'il quittait l'Amérique, pour ensuite contracter la grippe en traversant l'Atlantique et arriver en Europe malade. Une fois sur place, il était pris en charge par un système de santé déjà surchargé, épuisé par quatre années de guerre sanglante. Au cours de ce processus, le soldat malade était susceptible de transmettre la grippe à d'autres soldats qui, s'ils vivaient suffisamment près du front, pouvaient être renvoyés chez eux pour y être soignés et ainsi ramener la grippe avec eux.

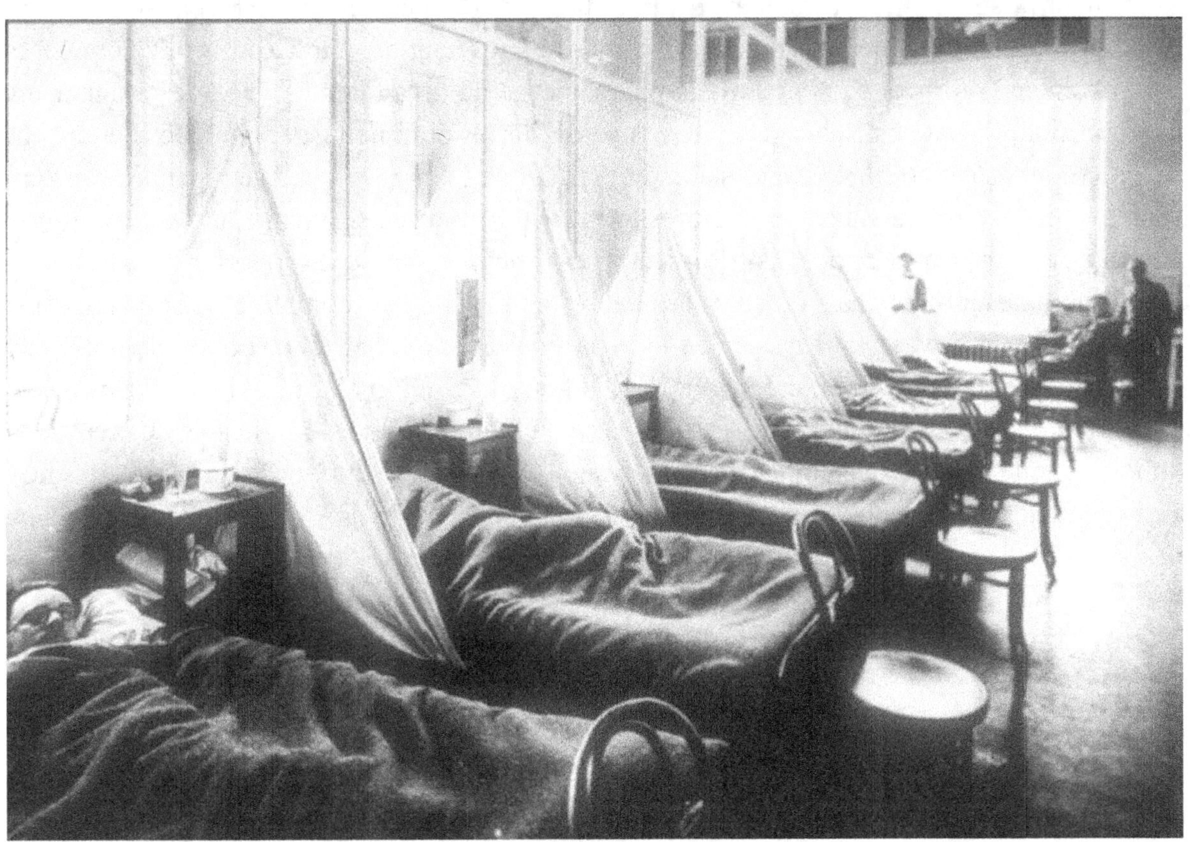

Des soldats américains atteints de la grippe dans un hôpital français

Au début, l'armée était réticente au fait de laisser une maladie modifier ses plans. Mais les généraux se sont vite rendu compte qu'il fallait faire quelque chose pour arrêter, ou au moins ralentir, la propagation du virus. Martin Aloysius Culhane était dans l'armée et toujours en poste aux États-Unis lorsqu'il reçut des nouvelles d'un ami qui venait de se remettre de la grippe. Culhane a écrit : « J'ai reçu une belle lettre de Phil Byrne, il dit que son état s'améliore, qu'il se sent mieux que jamais. ... Depuis midi, aujourd'hui, notre camp est en quarantaine pour prévenir une épidémie de grippe espagnole. Nous n'avons eu aucun cas jusqu'à présent, mais les médecins militaires ont l'intention d'empêcher l'apparition de tout nouveaux cas. Tous les hommes qui ont un léger rhume ont été placés dans des baraquements séparés qui, bien sûr, ont été immédiatement baptisés "la salle de la tuberculose" par le reste de la compagnie. »

Alors même que les soldats américains apportaient sans le savoir leurs maladies en Europe, les hôpitaux de l'armée américaine n'étaient pas à la hauteur de l'afflux de patients chez eux, comme le notait un médecin connu seulement sous le nom de "Roy" dans une lettre à une connaissance : « Le camp Devens est situé près de Boston, et compte environ 50 000 hommes, ou en avait avant que l'épidémie ne se déclare. Il abrite également l'hôpital principal de la division du nord-est. Cette épidémie a commencé il y a environ quatre semaines, et s'est développée si rapidement que le camp est démoralisé et que tous les travaux ordinaires sont suspendus jusqu'à ce qu'elle soit passée. Tout rassemblement de soldats est interdit. Les hommes commencent par souffrir de ce qui semble être une attaque de grippe ou d'influenza, puis sont hospitalisés. Ils développent alors très rapidement la forme de pneumonie la plus vicieuse qu'on ait jamais vue. Deux heures après leur admission, ils ont des taches de couleur acajou sur les pommettes, et quelques heures plus tard, on commence à voir la cyanose s'étendre à partir de leurs oreilles et se répandre sur tout le visage.... Ce n'est qu'une question d'heures avant que la mort ne survienne, et ce n'est qu'une lutte pour de l'air jusqu'à ce qu'ils suffoquent. C'est horrible. On peut supporter de voir un, deux ou vingt hommes mourir, mais de voir ces pauvres diables tomber comme des mouches vous porte sur les nerfs. On a une centaine de morts par jour en moyenne, et ça continue. Il ne fait aucun doute pour moi qu'il y a une nouvelle infection mixte ici, mais laquelle je ne sais pas. Je passe mon temps à chasser les râles, les râles secs ou humides, les râles sifflants ou crépitants ou n'importe quelle autre des centaines de choses que l'on peut trouver dans la poitrine, elles ne signifient toutes qu'une chose ici - la pneumonie - et cela signifie dans presque tous les cas la mort. »

Photo de tentes de fortune pour les victimes de la grippe dans le Massachusetts

Bien sûr, le gouvernement fédéral surveillait également les chiffres, et le docteur Victor Vaughan, chirurgien général de l'armée américaine à l'époque, notait : « Durant la guerre mondiale, la pneumonie du début à la fin [était] la cause la plus importante de décès. Pour l'année 1917, il y a eu dans notre armée 8 479 cas, avec 952 décès, soit un taux de mortalité de 11,2 %. On comprendra que la mobilisation de la nouvelle armée n'a commencé qu'en octobre 1917. Au cours des mois d'hiver 1917-18 (du 29 septembre 1917 au 29 mars 1918), le nombre de cas s'élevait à 13 393 avec 3 110 décès, soit un taux de mortalité de 23,1 %. Pendant les mois d'été 1918 (du 5 avril au 30 août), les cas étaient au nombre de 8 912 avec 1679 décès, soit un taux de mortalité de 18,8 %. En automne 1918 (période de la grippe), le nombre de cas était de 61 198 avec 21 053 décès, soit un taux de mortalité de 34,4 %. »

Vaughan

Comme ils étaient débordés et surchargés de travail, le personnel médical traitant a également succombé à la grippe de façon régulière, rejoignant ainsi leurs patients dans les services de l'hôpital. Au camp Devens, Roy a écrit à son ami : « Le nombre normal de médecins ici est d'environ 25 et il a été porté à plus de 250, tous (sauf moi, bien sûr) avec des affectations temporaires - "Retournez à votre poste après avoir terminé votre travail" – moi c'est "affectation permanente", mais j'ai été dans l'armée suffisamment longtemps pour savoir que ça ne sera peut-être pas le cas. On verra. Je ne sais pas ce qu'il va arriver. Nous avons perdu un nombre effarant d'infirmières et de médecins, et la petite ville d'Ayer est devenue le centre de toutes les attentions. ... Si cette lettre semble quelque peu décousue, n'en tenez pas compte, car j'ai été appelé une douzaine de fois, la dernière fois tout à l'heure, par l'officier du jour, qui est venu me dire qu'ils n'avaient encore trouvé, à aucune des autopsies, de cas dépassant le stade de l'hépatite rouge. Cela les tue avant que cela n'aille aussi loin. »

La vie militaire a toujours été par nature communautaire, et la lutte quotidienne pour soigner les malades a fait des ravages parmi les médecins et les infirmières, dont la plupart étaient loin de leur famille et de leurs amis. Roy a conclu sa lettre en écrivant : « Je ne vous le souhaite pas mon vieux, mais j'aurais aimé que vous soyez là pour un temps au moins. C'est plus facile quand on a un ami dans les parages. Les hommes ici sont tous des gens bien, mais je suis tellement préoccupé par cette pneumonie que lorsque je mange, je voudrais trouver quelqu'un qui n'en parle pas, mais il n'y en a pas, et il n'y a pas moyen d'en trouver. Nous mangeons, dormons et rêvons avec cette maladie, sans parler du fait que nous la respirons 16 heures par jour. Je vous serais très reconnaissant de m'écrire une ou deux lignes de temps en temps, et je vous promets que si jamais vous vous retrouvez dans une telle situation, je ferai de même pour vous. Chaque homme ici a un service avec environ 150 lits (le mien en a 168), et a un chef d'état-major pour le diriger, et vous pouvez imaginer à quel point les formalités administratives à elles seules sont pénibles - et le gouvernement exige que toute la paperasse soit tenue en bon état. Je n'ai que quatre infirmières de jour et cinq de nuit, un chef de service et quatre aides-soignants. Vous constatez donc que nous sommes très occupés. J'écris tout cela au coup par coup. Il faudra peut-être attendre longtemps avant que je puisse vous envoyer une autre lettre, mais je vais essayer. Au revoir, mon vieux, " Que Dieu soit avec vous jusqu'à ce que nous nous rencontrions à nouveau ". »

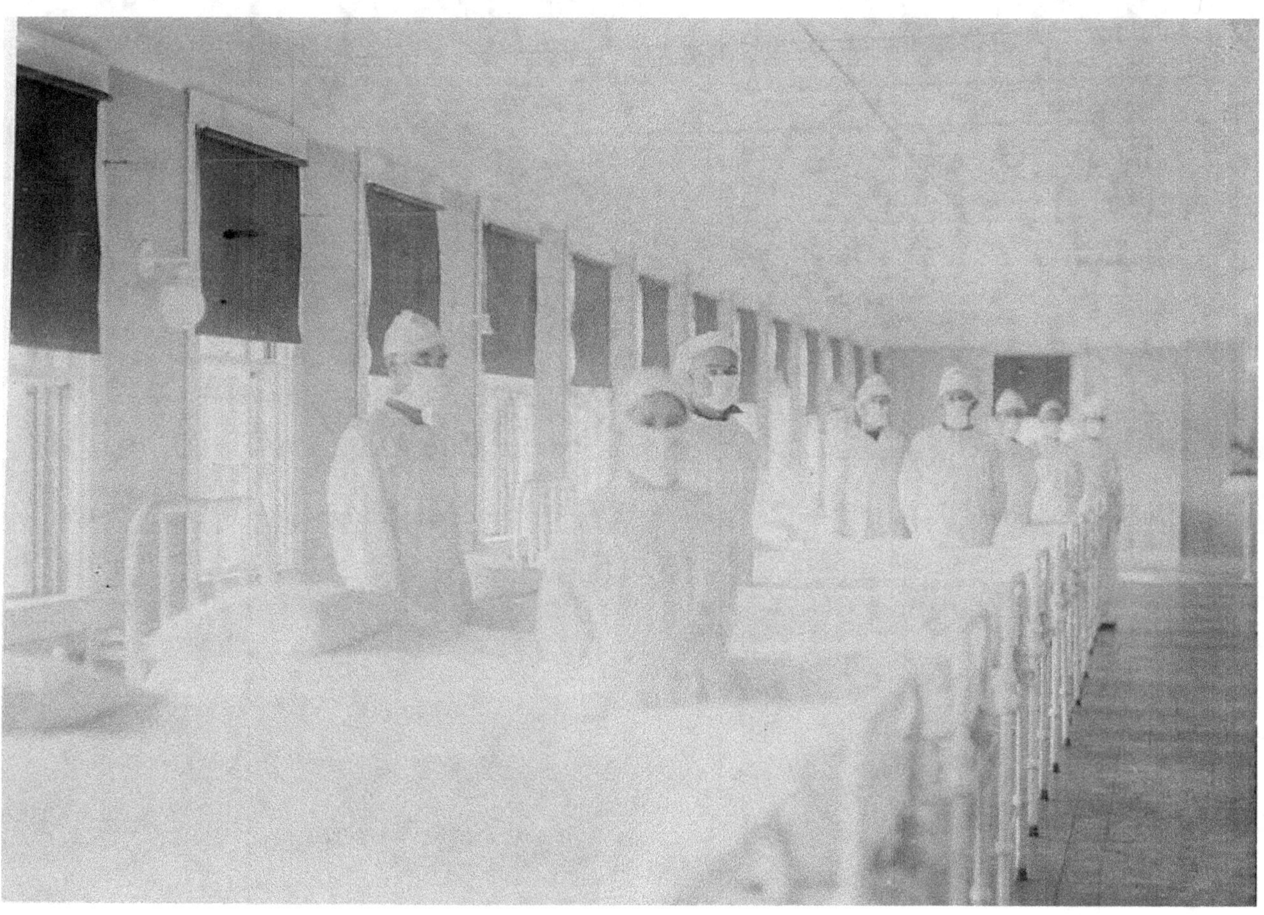

Employés d'un hôpital naval de Californie en tenue de travail pour soigner les victimes de la grippe en décembre 1918

Tentes d'urgence de fortune pour les victimes de la grippe au même hôpital naval en Californie

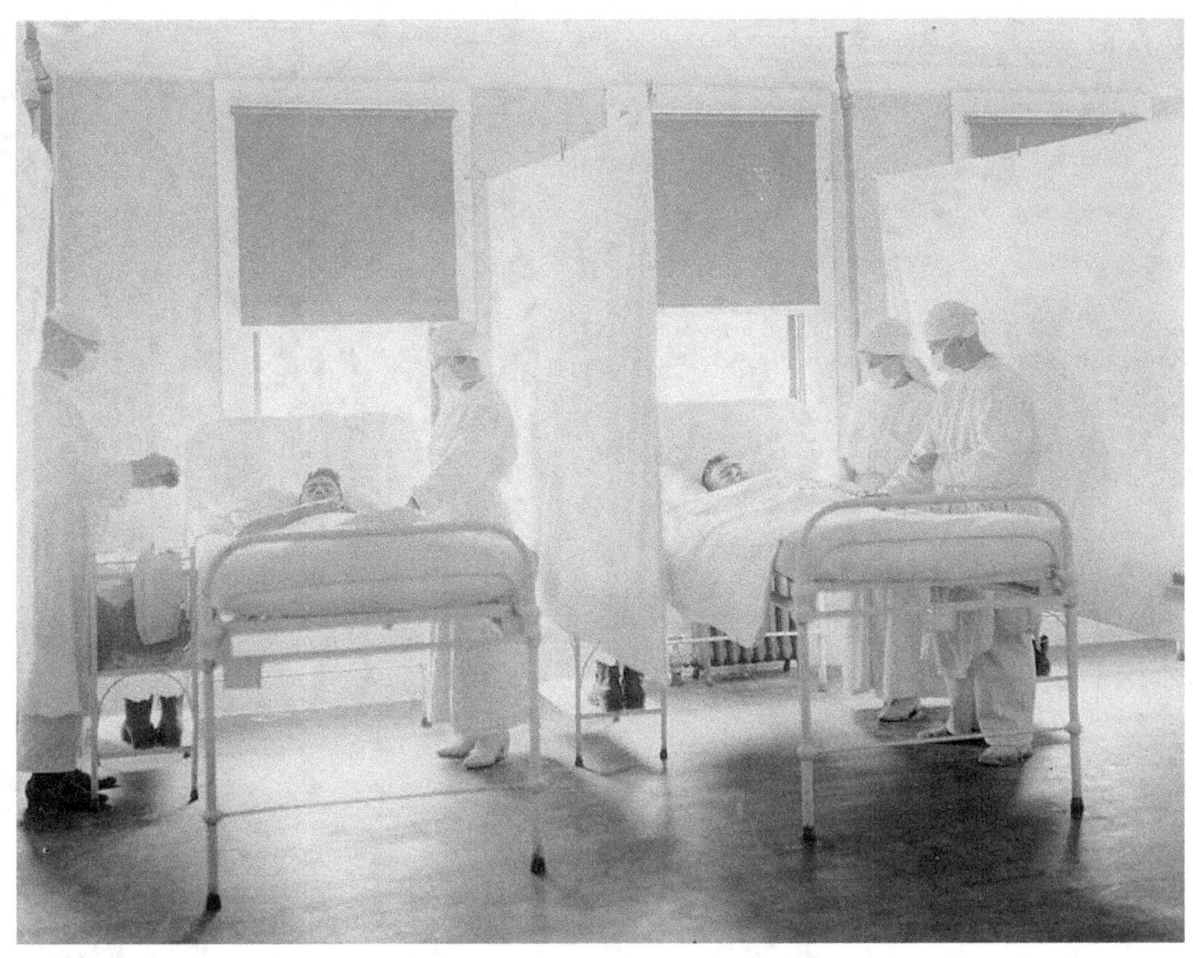

Victimes de la grippe traitées à l'hôpital naval

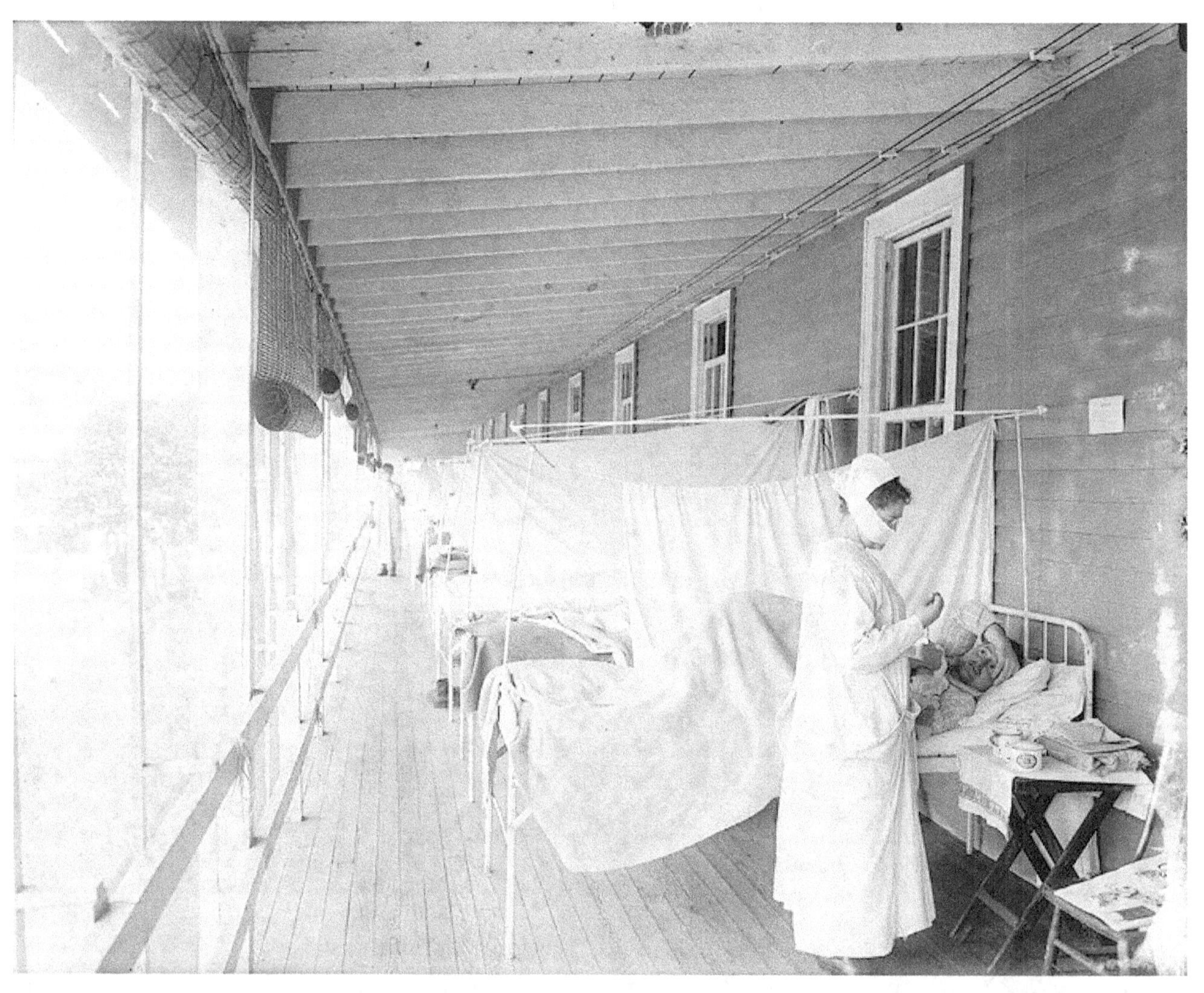

Photo de victimes de la grippe soignées à l'hôpital Walter Reed à Washington, D.C.

La police de Seattle en 1918

Photo d'un agent de tramway à Seattle refusant à un passager d'embarquer sans masque

« Des épidémies de grippe ont frappé ce pays depuis 1647. Il est intéressant de savoir que cette première épidémie a été amenée ici depuis Valence, en Espagne. Depuis cette époque, de nombreuses épidémies de cette maladie ont eu lieu. En 1889 et 1890, la maladie a été épidémique dans pratiquement tout le monde occidental. Trois ans plus tard, il y a eu une nouvelle flambée de la maladie. Les deux fois, l'épidémie s'est largement répandue aux États-Unis. Bien que l'épidémie récente soit appelée "grippe espagnole", les enquêtes ont montré qu'elle n'était pas originaire d'Espagne. Nous savons maintenant qu'il y a eu une fréquence anormalement élevée de la grippe aux États-Unis depuis plusieurs années avant la grande pandémie actuelle. Comme la maladie se présentait sous une forme bénigne et que l'opinion publique était focalisée sur la guerre, cette augmentation de la maladie a échappé à notre attention. Ce n'est que lorsque l'épidémie est apparue sous une forme grave à Boston en septembre 1918 qu'elle a suscité un intérêt particulier. » - Rapport du service de santé publique américain, préparé par le chirurgien général Rupert Blue

Bien sûr, en plus de propager la maladie parmi les armées combattant en Europe, les soldats américains ont également répandu la grippe chez eux. William Maxwell, qui n'était qu'un petit garçon habitant le Nebraska au moment de l'épidémie, se souviendra plus tard : « En 1918, Lincoln était une ville de 12 000 habitants. Elle avait peut-être un peu plus de 50 ans, juste le temps que les arbres arrivent à maturité et que les branches se rencontrent sur les trottoirs. Les cours étaient grandes, les enfants jouaient en groupe les soirs d'été. Le dimanche matin, les cloches de l'église étaient agréables à entendre. Mais mon père en avait assez d'aller à l'église, alors nous sommes allés pêcher le dimanche, à la campagne, suivi d'un pique-nique. C'était une vie peu influencée par le monde extérieur. Mes premières impressions sur l'épidémie étaient que c'était quelque chose qui arrivait aux troupes. Il ne semblait pas y avoir de raison de penser que cela aurait quelque chose à voir avec nous. Et pourtant, de façon progressive et sans remords, elle se rapprochait de plus en plus. Les rumeurs de cette inquiétante crise avaient atteint cette très petite ville de 12 000 habitants du Midwest. Je sais que mes parents étaient inquiets. Je faisais moins attention à leurs paroles qu'aux sons de leurs voix, et quand ils en parlaient, j'entendais de l'anxiété. »

Phil Byrne a également évoqué la grippe avec son frère, en lui écrivant : « La grippe espagnole a fait son apparition ici et nous sommes soumis à des ordres stricts : pas de visites à Chattanooga, nous sommes certainement les plus malchanceux en ce qui concerne cette quarantaine... J'en ai marre de rester cloîtré dans l'espace d'un pâté de maisons pendant trois semaines. Il n'y a pas de cantine dans le quartier de la quarantaine et nous avons beaucoup de mal à nous approvisionner en petite épicerie. »

Photo de victimes de la grippe transportées à bord d'ambulances à Saint-Louis

Bien loin des régions comme le Kansas et le Tennessee, Wilma Buntin se rappelle les effets de la grippe sur sa ville natale de Houston (Texas) : « Et je me souviens que mon frère aîné Louis était le seul à ne pas être tombé malade. Il essayait donc de nous préparer quelque chose pour le petit-déjeuner, ou il essayait de nous préparer quelque chose pour le dîner. Aucun d'entre nous ne mangeait. Il n'y avait pas de médecin sur place, alors il fallait faire ce que l'on pensait devoir faire. Et ils savaient qu'il fallait boire des jus de fruits et se reposer. Et puis il pleurait quand il préparait quelque chose. Il disait : "C'est parce que je ne suis pas bon cuisinier que vous ne mangez pas". Et il ne l'était pas en effet. »

Comme l'indique le récit de Buntin, la maladie ne faisait aucune distinction entre les personnes, mais elle pouvait aussi sembler aléatoire dans la mesure où elle affectait certains membres de la famille et pas d'autres, même s'ils vivaient à proximité. Si elle pouvait affecter des familles entières, elle ne s'attaquait parfois qu'à une seule personne du ménage. John Stanbury n'était qu'un enfant en bas âge lorsque la pandémie a frappé et il a parlé plus tard de la manière dont elle a touché sa famille et sa communauté : « Je suis né en mai 1915 et mes souvenirs de la pandémie sont donc vagues et incomplets. À l'époque, notre famille vivait à Wilson, en Caroline du Nord. Mon père était pasteur méthodiste. Cependant, malgré mon jeune âge, je me souviens très bien de la maladie de ma mère. Elle a été comateuse pendant plusieurs jours, mais elle a survécu. À peu près à la même époque, mon frère, de quatre ans mon aîné, a été atteint de ce qui a été diagnostiqué comme étant la fièvre typhoïde. Lui aussi était comateux et délirant, mais il a survécu. Depuis le porche de notre maison, j'ai regardé les corbillards rouler et on me disait qu'ils transportaient les victimes de la pandémie. Mon père, en dépit de ses fréquents contacts avec les malades alors qu'il circulait dans la ville dans l'exercice de ses fonctions pastorales, n'a jamais été malade. »

Chapitre 4: Une personne Atteinte de la Grippe

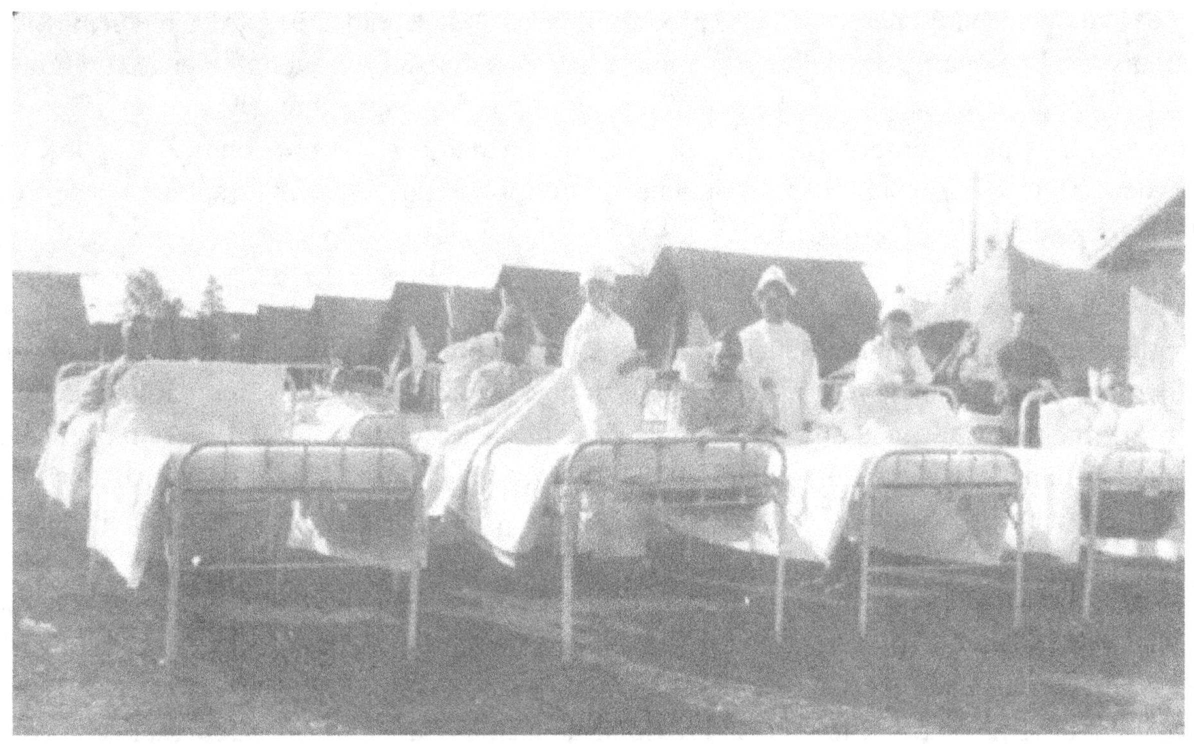

Des victimes de la grippe dans des lits en plein air dans un camp militaire

« Dans la plupart des cas, une personne atteinte de la grippe tombe malade assez brusquement. Elle se sent faible, a des douleurs au niveau des yeux, des oreilles, de la tête ou du dos, de l'abdomen, etc. De nombreux patients se sentent étourdis, certains vomissent. La plupart des patients se plaignent d'avoir des frissons, ce qui s'accompagne d'une fièvre dont la température monte jusqu'à 38 à 40 °C. Dans la plupart des cas, le pouls reste relativement lent. En apparence, on est frappé par le fait que le patient a vraiment l'air malade. Ses yeux et le côté interne de ses paupières peuvent être légèrement "injectés de sang" ou "congestionnés", comme disent les médecins. Il peut y avoir un écoulement nasal ou une toux. Ces signes de rhume peuvent ne pas être marqués ; néanmoins, le patient paraît et se sent très malade. Dans un certain nombre de cas observés au cours de la récente pandémie, une grande partie des cas de grippe présentaient une infection de type intestinal (diarrhée). En plus de l'apparence et des symptômes déjà décrits, une analyse sanguine du patient peut aider le médecin à reconnaître la "grippe espagnole", car il a été constaté que dans cette maladie, le nombre de globules blancs n'augmente pas, ou seulement très peu, par rapport à la normale. » - Rapport du service de santé publique américain, préparé par le chirurgien général Rupert Blue

L'une des difficultés du traitement de la grippe espagnole tient non seulement au fait qu'il existe plusieurs souches différentes du virus, mais aussi au fait que les mêmes souches semblent souvent produire des symptômes différents chez chaque personne. Par exemple, le docteur Fantus a observé : « Le ou les symptômes de la maladie étaient assez multiformes. Ainsi, il y avait des cas qui montraient simplement de la fièvre sans douleurs, et d'autres dans lesquels il y avait des douleurs sans fièvre, bien que généralement, les deux étaient présents. Dans la plupart des cas, une transpiration abondante se produisait, sans doute augmentée par les médicaments administrés. La majorité des patients toussaient, certains toussaient et vomissaient, et d'autres vomissaient et ne toussaient pas. Le nez n'était pas aussi fréquemment touché que les bronches. Lorsqu'il était touché, il y avait une tendance marquée à saigner du nez. La gorge était rarement atteinte. ... La prostration était généralement disproportionnée par rapport à la sévérité et à la durée de la fièvre. »

Un autre problème était qu'un patient se sentait souvent mieux et semblait avoir récupéré, pour ensuite retomber soudainement malade et mourir peu de temps après. Cela rendait le traitement des patients incroyablement difficile, comme l'a souligné le Dr Fantus : « La durée moyenne de la maladie dans les cas non compliqués était d'environ trois jours. Il y avait cependant une tendance à la rechute, qui semblait être accrue par la sortie prématurée du lit. La rechute était dans certains cas plus grave que la première atteinte, et dans d'autres moins. La bronchopneumonie était la complication la plus importante et la plus sérieuse. Dans tous les cas de pneumonie que j'ai observée au cours de cette épidémie, son apparition était apparemment due soit à l'incapacité ou au refus du patient de rester au lit assez longtemps ; soit à des cas physiologiques particuliers, tels que la grossesse, une cardiopathie fonctionnelle, une bronchite chronique, un bas âge ou un âge avancé ; soit, plus particulièrement, à la combinaison de ces différents facteurs... C'est ce qui s'est passé à maintes reprises : le patient présentait une banale affection grippale, durant laquelle il ne restait pas couché en permanence. Il se sentait alors un peu mieux, se levait et était de nouveau malade - cette fois avec des symptômes graves - et il manifestait rapidement les phénomènes de bronchopneumonie. »

Compte tenu de ce qu'il a observé, Fantus pensait qu'il y avait une solution relativement simple au problème: « Par contre, les patients qui, dès le début de la maladie, étaient maintenus au lit en permanence, et qui y restaient jusqu'à ce qu'ils soient parfaitement rétablis pendant deux ou trois jours, semblaient tout à fait immunisés contre les complications. Si un bon alitement prévient réellement la bronchopneumonie, comme je le crois, nous devons considérer que ce soin est d'une importance vitale. On peut comprendre comment un tel remède peut prévenir la pneumonie et réduire la tendance à la rechute si on envisage la grippe comme un état dans lequel la victime acquiert, en se reposant, une immunité contre les organismes qui tentent d'envahir son système. »

Fantus a peut-être été frustré par le « refus » de certains patients à garder le lit, mais une grande partie des difficultés liées à ce genre de mesure était que celle-ci demandait beaucoup de temps et exigeait des soins infirmiers minutieux et spécialisés. Même les personnes habituées à s'occuper de leur famille se sentaient dépassées par les soins à donner aux autres en cas de grippe, et c'est ce qui est arrivé à la jeune Betty Somppi : « Ma famille vivait à Erie, en Pennsylvanie, en 1918. Ma mère m'a raconté que lorsque j'avais presque 4 ans, en février 1919, je suis tombée malade de la grippe. Mon état était critique et je délirais depuis de nombreuses heures lorsque notre médecin de famille a pu me faire administrer un médicament expérimental (décrit comme une "piqûre"). Il a dit à mes parents qu'il n'y avait pas beaucoup d'espoir. Mes parents ont quand même accepté le traitement. Au même moment, un enfant voisin était également atteint de la grippe, mais sa famille a refusé le traitement proposé par le docteur. Aucun de nous deux n'était censé passer la nuit. Et il ne la passa pas. Ma mère a appelé le médecin le lendemain matin parce que j'étais réveillée et que je demandais quelque chose à manger, mais elle avait peur de me nourrir. Il lui a dit qu'il arrivait tout de suite. »

Au début du vingtième siècle, le métier d'infirmière était en plein essor chez les jeunes femmes célibataires, mais presque toutes celles qui étaient formées étaient affectées à des hôpitaux militaires en Europe, laissant aux étudiantes infirmières la responsabilité de donner des soins aux patients atteints de la grippe. Un journal de 1918 rapportait : « Quatre-vingts jeunes femmes, de la promotion "Victory" de l'hôpital central du Massachusetts, ont reçu leur diplôme hier soir, après avoir passé l'année la plus difficile de toute l'histoire de l'institution, pour des élèves infirmières, à prodiguer sans arrêt des soins infirmiers très ardus. Le docteur Henry P. Walcott, président du conseil d'administration, qui a supervisé les activités et présenté les diplômées, a déclaré que chaque membre de la promotion avait accompli un service aussi important qu'un infirmier ou un soldat en service à l'étranger, et encouru des risques aussi grands. »

Heureusement, ces infirmières faisaient partie de ces milliers de jeunes femmes diplômées des écoles d'infirmières du monde entier. En Grande-Bretagne, la société était en plein bouleversement car les filles de l'aristocratie défiaient les conventions et allaient se former pour soigner les soldats blessés. L'article poursuit : « Les élèves de la promotion ont soigné plus de 800 cas de grippe au cours de l'année passée, qui sont arrivés en deux grandes vagues. Plus de la moitié de la promotion était gravement malade, et toutes, en raison de la lourde charge de travail qui leur était imposée, étaient dangereusement vulnérables. Une de ces élèves est morte. Par ailleurs, une épidémie de scarlatine toucha trente-six des jeunes filles qui se retrouvèrent sur la liste des malades très dangereux. Mais il n'y eu aucun décès. "Il n'y a pas de mots", a déclaré le docteur Henry Van Dyke, qui a prononcé le discours de la soirée, "qui puissent rendre hommage au rôle que les femmes, et en particulier les infirmières, ont joué pour gagner la guerre. On ne pourra jamais récompenser par de simples discours leur action, qui n'a pas reculé devant un ennemi qui choisissait, comme cible favorite, la Croix-Rouge sur le toit d'un hôpital. »

Comme la plupart des médecins, Fantus n'était que trop conscient de ce problème, et il écrivait : « Pour la plupart des cas, une bonne infirmière était plus importante, et plus difficile à obtenir, qu'un bon médecin. Cette pandémie, qui est apparue à une époque où il y avait une telle pénurie d'infirmières qualifiées, en raison de la guerre, nous a fait prendre conscience de la nécessité pour chaque femme - et chaque homme - d'être au moins un peu compétent pour soigner des malades. »

Chapitre 5 : L'Épidémie est Grave et les Décès Très Nombreux

« Comme nous l'avons déjà mentionné, la plupart des cas sont apparemment des infections respiratoires et ressemblent à une sorte de "rhume" très contagieux. Parfois, cependant, les symptômes respiratoires sont totalement absents et une grande fatigue, une faiblesse, des courbatures et des douleurs dans tout le corps, ainsi qu'un peu de fièvre, sont les seuls symptômes. Dans d'autres cas encore, la diarrhée est un symptôme important. En général, la fièvre dure trois à quatre jours et le patient se rétablit. Mais si la mortalité est généralement faible, dans certains endroits, l'épidémie est grave et les décès sont nombreux. Lorsque la mort survient, elle résulte généralement du développement d'une pneumonie ou d'une autre complication. » - Rapport du service de santé publique américain, préparé par le chirurgien général Rupert Blue

Lorsque l'épidémie de grippe s'est répandue, les gens se sont sentis de plus en plus concernés et ont commencé à prendre des mesures pour essayer de se protéger ainsi que leurs proches. La famille du jeune William Maxwell a eu une crainte supplémentaire, comme il l'a fait remarquer plus tard : « Ma mère attendait un bébé et donc, mes parents n'avaient pas d'autre choix que de m'emmener chez la sœur de mon père, où nous n'étions pas à l'aise. C'était une maison sombre, lugubre. La meilleure description que je puisse faire de cette maison est de préciser que, dans le salon, il y avait une photo encadrée de mon grand-père dans son cercueil. C'était une pièce très étrange, il y avait un vase avec des plumes de paon dedans. Je ne sais pas si quelqu'un d'autre à Lincoln savait que les plumes de paon portent malheur. Ma tante ne le savait pas. »

Les plumes de paon se sont avérées être un véritable porte-malheur pour Maxwell et sa famille, car il a rapidement commencé à souffrir de la grippe. Il raconte : « J'étais un petit garçon maigre avec un énorme appétit. Mais au moment où on mettait l'assiette devant moi, je n'avais plus aucune envie de manger. Ma tante a mis sa main sur mon front et s'est levée de table pour m'emmener à l'étage et me mettre au lit parce que j'avais une forte fièvre. Et je pense que ce qui s'est passé, c'est que j'ai dormi, dormi et dormi et encore dormi. Je me souviens que cette période était très confuse, car j'étais allongé dans cette petite pièce à l'étage et je pouvais me réveiller à la lumière du jour, comme je pouvais me réveiller quand il faisait nuit noire, il pouvait faire nuit, il pouvait être le jour, je n'avais plus aucun sens du jour et de la nuit. Je me sentais mal et vidé de l'intérieur. »

À cette époque-là, les amis de Maxwell, et de nombreux autres enfants du monde anglophone, chantaient tous un nouvel air :

Si Maxwell a survécu à la grippe et a pu en raconter les méfaits, sa mère elle, qui se remettait à peine de son accouchement, n'a pas eu cette chance. Maxwell se souvient : « Le seul moyen de savoir ce qui se passait était d'écouter les discussions au téléphone, car ma chambre était près de la cage d'escalier. Et j'ai entendu ma tante dire : "Will, oh non." Et puis "Si tu veux que je le fasse". Elle est entrée dans ma chambre et elle a essayé de raconter ce qui s'était passé, et les larmes lui ont coulé sur le visage, alors il lui était devenu inutile de me le dire, je savais que le pire était arrivé. Ma mère était merveilleuse, et quand elle est morte, tout est devenu terne. La mort de ma mère m'a fait réaliser, pour la première fois et pour toujours, que nous n'étions pas en sécurité. Nous n'étions pas à l'abri du danger. Mon père a fait ce qu'il a pu. Il nous a maintenus ensemble en tant que famille, mais à partir de ce moment là, il y a eu une tristesse qui n'avait jamais existé auparavant, une tristesse profonde qui n'a jamais vraiment disparu, parce que je savais dorénavant que les gens n'étaient pas en sécurité, que personne ne l'était– et que des choses terribles pouvaient arriver - à tout le monde. »

La grippe a continué à se répandre et, assez ironiquement, elle a profité de l'enthousiasme des Américains, et d'autres personnes dans le monde, à se rassembler dans les célébrations militaires et autour des points de ventes de "bons de la liberté" pour se multiplier. Anna Milani n'était qu'une jeune enfant lors de la pandémie, mais elle s'est souvenue plus tard : « Nous marchions dans les rues en chantant *"Tramp, tramp, tramp les garçons marchent. J'espionne le Kaiser par la porte. Et nous aurons une tarte aux citrons et nous l'écraserons dans son œil et il n'y aura plus de Kaiser "*. Mais dans leur enthousiasme, les gens ne se rendaient pas compte qu'ils faisaient face à quelque chose de bien plus dangereux que l'armée allemande. Milani poursuit : « C'était une journée douce et nous étions assis sur le perron. Dans la maison en face, il y avait une jeune fille, de 15 ans, qui venait d'être enterrée. Dans la soirée, nous avons entendu beaucoup de cris dans cette même maison, un petit bébé de 18 mois était mort, dans cette même famille... Dans la rue, il y avait des rubans de crêpe accrochés aux portes, un ruban blanc pour les très jeunes, un noir pour les personnes d'âge moyen et des rubans gris pour les plus âgés, pour indiquer qui était mort. Nous étions donc enfants et… nous étions impatients de savoir qui serait le suivant. »

En effet, beaucoup d'enfants ont vu la mort de très près, bien avant qu'ils n'y comprennent quelque chose, car en 1918, la mort était littéralement aux seuils des maisons. John De Lano, qui était alors un petit garçon jouant dans sa rue, a décrit une scène inoubliable de son quartier : « Le croque-mort qui se trouvait à un demi-pâté de maisons de chez moi avait posé des caisses en pin sur le trottoir, empilées les unes sur les autres en hauteur. Moi et mes deux amis, on y allait et on jouait sur les caisses, c'était comme escalader les pyramides, de haut en bas et tout autour, en sautant, et ma mère m'avait dit que je ne devais jamais y aller, ne pas aller sur ces caisses, parce qu'il y avait des gens qui étaient morts. Mes deux amis sont tombés malades juste après, et moi aussi... Et puis quand je suis sorti de nouveau et que je suis retourné à l'école, j'ai été choqué par le fait que mes amis n'étaient pas là, qu'ils n'étaient pas chez eux non plus. Je frappais à leur porte et on ouvrait juste un peu en disant : "Non, Jimmy n'est pas là" ou "Frankie n'est pas là", ou encore "Où est-il ? Vas le demander à ta mère". Ils ne voulaient pas me le dire. "Vas le demander à ta mère". J'étais alors devenu assez solitaire, parce que c'étaient les seuls amis que j'avais, avec lesquels je jouais pendant toutes ces années, avec lesquels j'allais à l'école et quand je les ai perdus, mon monde a complètement changé. »

Alors que de nombreux enfants étaient confrontés à la mort pour la première fois, de jeunes adultes ont également vu la vie de leurs amis et de leurs amants écourtée brusquement. La romancière Katherine Anne Porter a failli mourir de la grippe, et elle a plus tard écrit son expérience à la troisième personne dans son recueil *Pale Horse, Pale Rider* : « Son esprit vacillait et glissait à nouveau, se brisait sur ses fondements et tournait comme une roue lancée dans un fossé... Elle s'enfonçait doucement dans les profondeurs des ténèbres jusqu'à reposer comme une pierre au plus profond de la vie, se sachant aveugle, sourde, muette, ne reconnaissant plus les membres de son corps... Toujours vivante mais avec une si étrange lucidité et cohérence... La douleur est revenue, une terrible douleur irrésistible courait dans ses veines comme un puissant incendie, une puanteur putride emplissait ses narines... Elle ouvrit les yeux et vit une lumière pâle à travers un tissu blanc et grossier posé sur son visage, elle savait que l'odeur de la mort était en elle et lutta pour soulever la main. »

Bien qu'elle ait survécu, Porter a perdu son fiancé, un soldat en poste près de chez elle. En effet, plus de soldats à travers le monde sont morts des suites de la grippe que de toute autre cause. Un médecin militaire a écrit : « Il faut des trains spécialement affrétés pour transporter les morts. Pendant plusieurs jours, il n'y avait pas assez de cercueils et les corps s'empilaient à un rythme féroce. Nous avions l'habitude d'aller à la morgue (qui se trouve juste derrière mon service) et de regarder les jeunes gens disposés en longues rangées. C'est bien mieux que tout ce qu'on a pu voir en France après une bataille. Une très grande caserne a été libérée pour la morgue, et tous les hommes s'y assoient et font attention en marchant le long des interminables rangées de soldats morts, tous habillés et disposés en doubles files. Nous n'avons pas de répit ici ; on se lève le matin à 5 h 30 et on travaille sans relâche jusqu'à 21 h 30 environ, on dort, puis on recommence. Bien sûr, certains hommes restent ici tout le temps, et ils sont fatigués. »

(La toux et les éternuements propagent la maladie – aussi dangereuse que les bombes de gaz toxiques – La propagation de la grippe espagnole menace notre production de guerre – Le service de santé publique américain lance une campagne nationale sur la santé)

Chapitre 6: De Proche en Proche

« Quel que soit le type de germe à l'origine de l'épidémie, on sait désormais que la grippe se transmet directement et indirectement de proche en proche. En outre, à en juger par l'expérience acquise dans le cadre d'autres maladies, il est probable que le germe, quelle que soit sa nature, est transporté non seulement par les personnes atteintes de la grippe, mais aussi par des personnes qui se portent parfaitement bien. Tout ce qui favorise les contacts entre personnes doit donc être considéré comme un facteur de propagation de la grippe. Il est clair que ces germes peuvent se propager de nombreuses manières différentes d'une personne à l'autre. Ainsi, ils peuvent se répandre directement par l'air à travers les minuscules gouttelettes de mucus expulsées par la toux, les éternuements, les conversations animées etc., par une personne déjà infectée ... Les mains sales, les gobelets usagés, les ustensiles de cuisine et de restauration mal lavés, les fontaines à soda, etc., les torchons en rouleau, de la nourriture contaminée- ce ne sont là que quelques-uns des vecteurs fréquents de transmission des germes. L'utilisation de masques semble amener les gens à négliger ces autres voies de contamination et, par conséquent, cette mesure n'a pas eu le succès escompté. Si nous voulons mieux combattre la grippe, il faut accorder une plus grande attention aux facteurs que nous venons d'énumérer. » - Rapport du service de santé publique américain, préparé par le chirurgien général Rupert Blue

Si la plupart des médecins n'ont pas pu faire guère plus qu'essayer de suivre l'évolution de l'épidémie, quelques-uns ont trouvé le temps d'étudier ce qui se passait et tenté de formuler quelques hypothèses qui devaient aider plus tard à la prévention et au traitement de la maladie. Le docteur Victor Vaughan était l'un des rares à pouvoir étudier la propagation de la grippe et il a fait des observations intéressantes : « Lorsque nous avons dressé le tableau de morbidité et de mortalité causées par la pneumonie pour chacun des grands camps, une chose nous a particulièrement frappé. C'était l'étonnante différence du nombre de cas dans les différents camps ... Les "bons" et les "mauvais camps" étaient répartis sur des sites proches ... La région d'où venaient les hommes des "bons camps" était la zone la plus urbaine, ou la plus densément peuplée du pays. En effet, les citadins acquièrent une certaine immunité aux maladies respiratoires, car ils vivent dans un milieu souvent, et même constamment, exposé aux infections. Les ruraux sont plus sensibles aux maladies respiratoires. Il a donc été suggéré d'augmenter la résistance des soldats ruraux en les vaccinant avec des souches inactivées de bactéries des maladies respiratoires. Cela a été tenté pendant l'été 1918... mais le programme a vite été débordé par la très grande et mortelle épidémie de grippe. Les tentatives visant à obtenir une immunité vaccinale contre la pneumonie ont quand même été poursuivies par les meilleurs hommes de la profession. Le problème est difficile et compliqué, car de nombreuses bactéries peuvent provoquer une pneumonie, mais je ne doute pas qu'il sera résolu à temps. »

Au cours de ses investigations sur les origines de la pandémie et son mode de propagation, Vaughan est parvenu à des conclusions intéressantes, dont les suivantes : « Je me suis permis d'offrir une explication simple au fait que certaines infections sont plus mortelles chez les personnes robustes que chez les plus faibles. Lorsqu'on est infecté par les bactéries de ces maladies, les cellules du corps commencent à détruire ces cellules germinales étrangères. L'individu solide détruit rapidement ces intrus, mais en même temps, ils libèrent leurs poisons, et dans ce conflit, soit le malade se remet rapidement, ou bien, il meurt brutalement. Dans un premier temps, j'ai avancé cette hypothèse de façon prudente et sans conviction profonde quant à sa fiabilité, mais je l'ai entendue de la bouche de tant d'hommes et l'ai lue dans tant de livres sans référence à leur auteur que je suis maintenant pleinement convaincu de sa validité. ...rien ne peut être plus convaincant de la véracité de notre expérience que de l'entendre rapportée par ceux dont on respecte le jugement et la sagesse, lesquels s'appuient aussi bien sur leur propre pratique que sur leurs réflexions intellectuelles. C'est d'autant plus un compliment à leur égard qu'ils n'affichent pas la prétention d'en être l'auteur. »

Les conclusions de Vaughan étaient révélatrices du manque de connaissances de la communauté médicale en matière de biologie au début du vingtième siècle et tandis que les médecins et les scientifiques faisaient leurs observations, les gens ordinaires dans la rue essayaient désespérément de trouver comment éviter de tomber malade, soigner ceux qui étaient déjà souffrants, enterrer les morts ou maintenir la société sur les rails malgré la catastrophe. Daniel Tonkel se rappelle comment l'épidémie a affecté les finances de sa famille : « La première fois que je me suis rendu compte que quelque chose n'allait pas dans notre vie quotidienne, c'est quand mon père m'a dit : "Mon fils, la plupart des employés sont malades. Nous n'avons plus personne pour gérer le magasin. Tout le monde est malade, à la maison ou à l'hôpital". Et au bout d'une semaine ou dix jours, mon père m'a dit que telle vendeuse était décédée et qu'une autre était également partie. Donc, si je me souviens bien, sur les huit ou dix employés, quatre sont morts et leur disparition est survenue très rapidement. »

Le gouvernement s'est également associé à la Croix-Rouge américaine pour distribuer des brochures expliquant comment se protéger de la grippe, et l'une d'entre elles se terminait par les conseils suivants : « La transmission indirecte de la grippe, bien que plus difficile à éviter, peut encore être empêchée par quelques précautions. Moins de poignées de mains, éviter les fontaines à soda et les restaurants peu entretenus, éviter l'utilisation de gobelets et de serviettes en commun, insister sur le respect des pratiques sanitaires dans les établissements de restauration, et sur l'application, par les autorités, des règles sanitaires régissant ces lieux - ce sont autant de mesures par lesquelles chaque citoyen peut se prémunir contre l'infection. Leur pratique plus systématique contribuerait grandement à prévenir la propagation des maladies en général. Dans une large mesure, la prévention de la grippe peut être résumée par le seul mot "propreté". »

Compte tenu de ces informations, de nombreuses villes, tant en Europe qu'aux États-Unis, ont fermé les théâtres, les restaurants et parfois même les écoles. Louie Mayberry se souvient : « Lorsque nous avons déménagé à San Antonio, je devais commencer ma scolarité. Je n'étais pas encore allé à l'école que quelques jours plus tard, il y a eu une épidémie de grippe à San Antonio et ils ont fermé les établissements. Et nous sommes restés dans la rue assez longtemps. Ils essayaient alors de m'apprendre un travail. Ils m'ont laissé cirer des chaussures à la gare CFIGN [Chemin de Fer International du Grand Nord] à cette époque ; c'est le "Missouri Pacifique" aujourd'hui. Et puis l'école a redémarré, cela a pris quelques semaines, puis ils sont revenus. Nous n'avons pas eu beaucoup classe avant Noël. »

Les matchs et défilés ont été annulés de peur que les rassemblements de personnes en masse ne propagent la maladie. Dans de nombreux lieux, les groupes de citoyens et de religieux ont cessé de se réunir, laissant les églises et les synagogues vides et disponibles pour servir d'hôpitaux de fortune. Il est certain que cela a été difficile pour les fidèles, en particulier ceux qui avaient besoin de religion en ces temps de crise, mais bien sûr, ceux qui ont survécu à la grippe ont vu leur croyance en une entité supérieure renforcée. Martha Emmons pensait que l'intervention divine l'avait épargnée et lui avait permis de devenir écrivain : « J'ai souvent pensé que le Seigneur, dans sa providence, m'a protégé de la grippe. Même si j'avais l'habitude de donner une explication un peu plus rationnelle que celle-là. Les autres me demandaient comment je faisais pour l'éviter parce que, oh, les gens tombaient raide mort à cause de cette maladie. Mais je pensais qu'on avait tellement besoin de moi. Vous voyez, j'avais mon père avec moi, et j'enseignais à Maypearl, au Texas, et je me souviens que lorsqu'on me posait la question, je répondais : "Oh, eh bien, tout ce que je peux dire, c'est que je mange des oignons et que je suis heureuse". Alors j'ai mangé des oignons et tout ce que je pensais être bon. Et j'ai fait un effort pour rester heureuse. Mais j'ai souvent pensé que ce devait être l'œuvre de la providence, parce que je ne sais pas ce qui aurait pu se passer si j'avais attrapé la grippe, là, avec mon père invalide à mes côtés, et nous étions dans ce si petit appartement. Ça aurait été terrible pour lui que j'attrape la grippe, vous comprenez ? »

Foi et optimisme mis à part, les gens qui ont essayé d'éviter la grippe se sont pour la plupart contentés de rester cloîtrées chez eux, et s'ils ont dû sortir, ils ont évité à tout prix le contact avec les autres. Daniel Tonkel se souvient plus tard : « Les gens avaient peur de se parler, c'était un peu comme " ne me respire pas au visage, ne me regarde pas et ne me respire pas au visage parce que tu pourrais me refiler le virus dont je ne veux pas ", et jour après jour, on ne savait jamais qui allait être le prochain sur la liste macabre. » Clella Gregory a également confirmé ce fait, affirmant que c'était la même chose lorsqu'elle habitait dans le Kentucky pendant la pandémie : « En 1918, je vivais chez mes parents Eli et Nora Brantley et cinq de mes frères et sœurs à Blackford, dans le Kentucky. ... Nous étions tous les six enfants à la maison... nous avons eu la grippe de 1918, tout comme notre mère, Nora. Mon père, Eli, n'est pas tombé malade. Il nous gardait au chaud et nous nourrissait, et il aidait aussi les autres membres de notre communauté qui étaient atteints. Il s'assurait que nos voisins malades avaient de l'eau potable, trayait leurs vaches, nourrissait leur bétail, et veillait à ce qu'ils aient du charbon et du bois pour se chauffer. Un jour, un des médecins de Blackford est passé et s'est arrêté pour demander : "Eli, comment va votre famille ?" Papa a répondu : "Tout va très bien". Le médecin a ajouté: "Continuez à faire ce que vous faites, car là où je vais, ils vont perdre une fille." Toutes les écoles ont été fermées, les offices religieux ont été annulés et les gens ne devaient pas se rassembler. Nous avons tous survécu. »

Chapitre 7: Toute Personne Contaminée Doit Respecter les Consignes

« Il est très important que toute personne qui contracte la grippe rentre chez elle immédiatement et se couche. Cela permettra de prévenir les complications dangereuses et, en même temps, d'éviter que le patient ne propage la maladie à grande échelle. Il est hautement conseillé de ne pas dormir dans la même chambre que le patient. En fait, seule l'infirmière devrait être autorisée à entrer dans la chambre. En cas de toux et d'expectorations ou d'écoulement des yeux et du nez, il faut veiller à ce que tous ces écoulements soient recueillis sur des morceaux de gaze ou de chiffon, ou sur des serviettes en papier, et brûlés. En cas de diarrhée, il faut veiller à empêcher la diffusion de la maladie en souillant les mains, les vêtements ou le linge de lit. Il faut alors prendre pratiquement les mêmes précautions que celles prises par une infirmière lors de la prise en charge d'un cas de fièvre typhoïde. Si le patient se plaint de fièvre et de maux de tête, il faut lui donner de l'eau à boire, lui appliquer une compresse froide sur le front et lui faire une légère toilette à l'éponge. Seuls les médicaments prescrits par le médecin doivent être administrés. Il est insensé de demander au pharmacien de faire une prescription, et il peut être dangereux de prendre les remèdes dits "sûrs et inoffensifs" dont les laboratoires pharmaceutiques font la publicité. » - Rapport du service de santé publique américain, préparé par le chirurgien général Rupert Blue

Les plus grands scientifiques du monde étant déconcertés par la maladie, on a alors commencé à se tourner vers d'étranges traitements contre la grippe, tout comme les Européens l'avaient fait des siècles plus tôt en utilisant des fleurs pour éviter, en vain, la peste noire. John de Lano se souvient que, lorsqu'il était enfant : « J'avais des boules de camphre dans un petit sac autour du cou. Je n'arrivais pas à supporter moi-même l'odeur, et encore moins ceux qui s'approchaient de moi. Je sentais tellement mauvais, je pense, à cette époque. » De même, Harriet Ferrell était très jeune au moment de l'épidémie, mais elle se souvient : « C'était vraiment une expérience terrible pour les gens, il y avait tant de personnes malades. Dans notre foyer, nous étions tous les quatre au lit et mon oncle et ma tante étaient dans l'appartement du troisième étage avec leur fils, alors ma mère s'occupait de sept malades en tout. Nous utilisions de la térébenthine sur le sucre, du kérosène sur le sucre, juste quelques gouttes. Vous pouviez sentir ces médicaments de loin, mais ce n'était pas trop grave parce que beaucoup de gens prenaient ça, et nous avons fini par sentir tous mauvais. Ma mère a appelé un médecin, nous étions grippés, toute la famille, et moi, étant bébé, j'étais très malade, au point que le médecin a pensé que je ne m'en sortirais pas et il a dit à ma mère qu'il n'était plus nécessaire de me nourrir parce que je n'allais pas survivre ... Tellement de gens sont morts qu'on leur a demandé de mettre les cadavres dans des caisses en bois, sur les porches d'entrée. Un camion ouvert passait dans les quartiers et ramassait les corps. »

Bien qu'il soit souvent passé sous silence, compte tenu du nombre de personnes décédées, le taux de mortalité, pourtant incroyablement élevé pour une grippe, était quand même suffisamment bas pour que la plupart des gens survivent à cette souche mortelle. Par conséquent, la plupart des personnes qui ont pu vaincre la maladie l'ont attribué à toutes sortes de « remèdes » qu'elles ont préparé dans leur cuisine ou leur garage. Lee Reay était le fils d'un fonctionnaire du département local de la santé et a expliqué les tentatives désespérées de son père pour aider les gens : « Nous étions très inquiets dans notre ville, car la maladie allait vers le sud, le long de l'autoroute, et nous étions les suivants. Mon père a été nommé inspecteur de la santé publique. Nous n'avions jamais eu ce poste dans notre ville auparavant, mais nous avons senti que nous en avions besoin et c'est pourquoi mon père s'est rendu à l'entrée de l'agglomération et a apposé une pancarte qui disait : "CETTE VILLE EST EN QUARANTAINE - NE PAS S'ARRÊTER", et nous nous sommes donc volontairement isolés. Mais ce n'était pas suffisant, la maladie est arrivée quand même - le facteur l'a apportée ... Tout le monde demandait des médicaments et il n'y en avait pas. Alors papa est rentré à la maison et a dit : "Nous devons fabriquer des médicaments d'une manière ou d'une autre." Alors dans notre cuisine, sur notre cuisinière, papa a fait mijoter environ vingt litres sur le feu. Ce n'était pas un vrai médicament, mais ça sentait comme un médicament et ça avait un goût de médicament. Nous y avons mis beaucoup de miel pour que ça ait un bon goût et nous l'avons distribué à tous ceux qui voulaient un traitement. C'est parti très vite, il n'en restait pas beaucoup. Ça n'a pas fait de mal. La plupart des gens pensaient que ça faisait du bien. »

Reay est également l'un des rares survivants à avoir été témoin du terrible bilan de la grippe dans la population amérindienne. Comme ils avaient été contraints de vivre dans des réserves surpeuplées, dont la plupart ne bénéficiaient pas du confort et de la propreté dont disposent les Américains en général, le nombre de décès a été particulièrement élevé pour eux. Reay a noté : « Mon père, étant inspecteur de la santé, était très préoccupé par les Indiens qui étaient nos voisins, ils n'étaient qu'à dix kilomètres. Alors un jour, papa et le commissaire de la ville sont allés voir comment les choses se passaient dans les camps indiens et ils ont été horrifiés par ce qu'ils ont vu. Après la mort de chaque Indien, sa famille et ses amis s'asseyaient autour de lui pour lui chanter "Happy Hunting Grounds" et ils continuaient toute la nuit. Ils étaient tous exposés, et ainsi tout le monde attrapait la grippe. En fin de compte, elle a tué environ la moitié des Indiens. »

Le problème posé par cette pandémie est que la grippe s'est propagée si rapidement que les gens ont eu du mal à croire qu'il s'agissait d'un phénomène naturel. William Sardo, bien que jeune à l'époque, a évoqué certaines des théories du complot qui circulaient : « Les gens ne voulaient pas croire qu'ils pouvaient être en bonne santé le matin et morts au crépuscule, ils ne voulaient pas croire cela. ... Des rumeurs de tous types et de toutes ampleurs circulaient et l'une d'entre elles, je m'en souviens très clairement, était que les Allemands avaient cultivé le germe avant la propagation de la grippe. ... Il y avait beaucoup de charlatans à l'époque. Il y avait toutes sortes de trucs que les gens tentaient en désespoir de cause. ... Mon père, mon frère aîné et un de mes oncles travaillaient tous dans les pompes funèbres. Nous vivions dans la maison des pompes funèbres. L'épidémie de grippe était si grave que le salon et la salle à manger étaient tous occupés par des rangées de cercueils. Ce qui était effrayant, c'est que des amis à vous décédaient, des familles entières que vous connaissiez, des gens avec qui vous alliez à l'école ou à l'église. C'était très sinistre, très, très sinistre ... Tout le monde vivait dans une peur mortelle parce que c'était si rapide, si soudain et si terrifiant que cela détruisait tous les liens entre les gens, à cette époque du début du vingtième siècle. »

Les zones rurales étaient encore plus désespérées de trouver des remèdes que celles des grandes villes qui avaient accès aux soins médicaux. Selon Velva Kiser Breeding, « Je suis né au printemps 1916 et je ne me souviens que très peu de la pandémie de 1918, mais je me rappelle de ce que mes parents m'ont dit sur ce sujet. À l'époque, nous vivions dans la ville charbonnière de Wilder, dans le comté de Russell, en Virginie, où mon père était mineur. Beaucoup de mineurs et leurs familles dans le camp avaient contracté la grippe de 1918. Le médecin local, le docteur Beckner, est venu chez nous à cheval et a demandé à mon père, qui n'était pas malade, d'aller voir les trafiquants d'alcool de la région et de rapporter de l'alcool de contrebande pour pouvoir soigner les mineurs malades. L'alcool de contrebande était mélangé avec du miel ou du sucre et donné à boire aux malades. Il y avait aussi beaucoup d'autres recettes maison, comme les onguents à l'ail, mais je n'arrive pas à me souvenir de tous les remèdes. Une des choses qui me reste en mémoire est le fait que ma mère était une excellente couturière, et qu'elle cousait jour et nuit pour confectionner les linceuls blancs destinés à "l'enterrement" de l'époque. On croyait que ces vêtements accéléreraient la montée au ciel. Les hommes en bonne santé étaient toujours en train de fabriquer des caisses en pin (cercueils). Personne dans ma famille n'a attrapé la grippe. Cependant, ils étaient tous très occupés à aider ceux qui étaient malades. »

Comme pour tant d'autres tragédies, il y a eu de nombreux individus prêts à exploiter la crise pour en tirer profit. Voici l'une des nombreuses annonces qui ont été publiées dans les journaux du monde entier, celle-ci en provenance de Nouvelle-Zélande :

« Si vous reniflez et éternuez et que vous vous sentez mal,
Si votre vue se trouble et que vous tombez sur les genoux.
Vous pouvez parier que c'est un signe sûr
Vous avez besoin du remède à la menthe poivrée de Woods.
Ne vous inquiétez pas et ne soyez pas triste
Des milliers d'autres ont été aussi mal en point ;
Votre grippe ne durera pas longtemps
Si vous prenez le super remède à la menthe poivrée de Woods. »

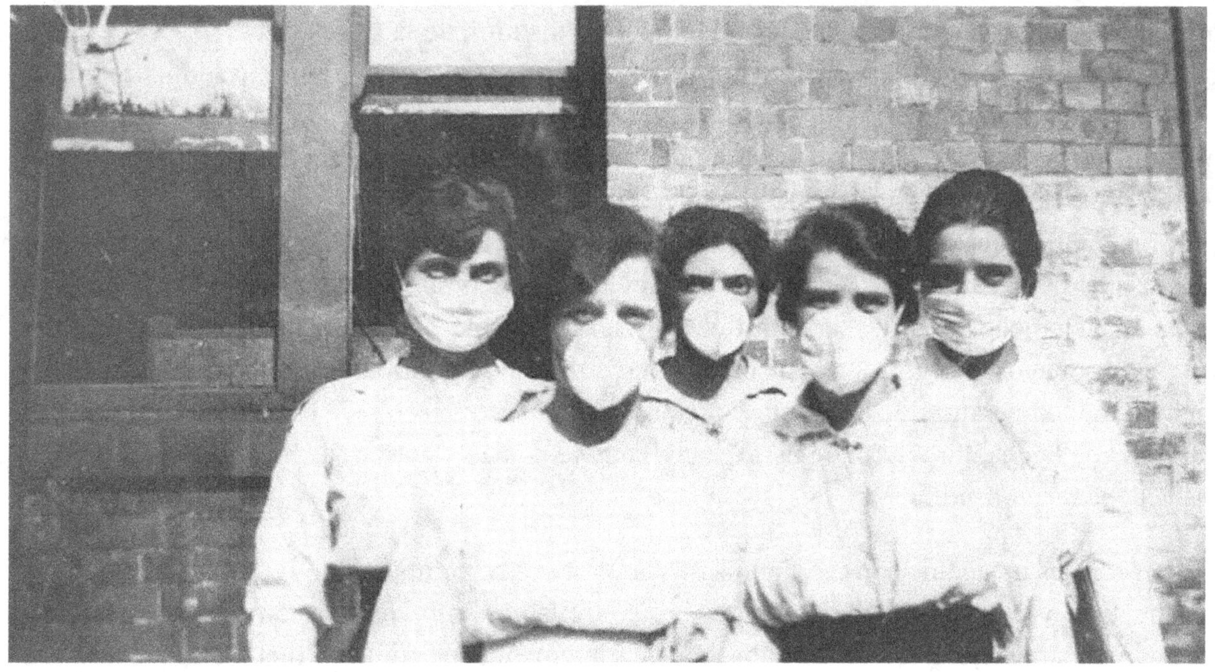

Des femmes portant des masques à Brisbane, Australie

Chapitre 8: Dans la Chambre du Malade

« Si le malade est dans une situation telle qu'il doit être assisté par une autre personne, qui s'occupe également de tous les membres de la famille, il est recommandé que cette dernière porte une combinaison, un tablier ou une blouse par-dessus ses vêtements lorsqu'elle entre dans la chambre du malade, et qu'elle les enlève et qu'elle lave et désinfecte ses mains lorsqu'elle quitte la chambre avant de s'occuper des autres. Le malade doit avoir sa propre vaisselle, qui doit être stérilisée à l'eau bouillante après chaque repas. Les infirmières et les soignants ont tout intérêt à se protéger du risque d'inhalation de germes dangereux en portant un simple morceau de gaze ou un masque lorsqu'ils sont près du patient. Il est bien établi qu'une infection de rougeole, de scarlatine ou de variole protège généralement contre une autre atteinte de la même maladie. Dans une certaine mesure, cela semble également être vrai pour la "grippe espagnole". Cependant, on ne sait pas combien de temps cette protection dure. » - Rapport du service de santé publique américain, préparé par le chirurgien général Rupert Blue

C'est la raison pour laquelle Fantus a recommandé : « La durée de l'alitement du patient peut être fixée, pour les cas légers, à deux ou trois jours, à compter du moment où le patient a commencé à se sentir parfaitement bien durant toute une journée. Pour les cas graves, et chez les patients invalides, ou lorsque de fins râles continuent d'être audibles au niveau du thorax, le temps de convalescence devra alors être considérablement augmenté. Comme il est important de protéger le malade contre le froid, il faut exiger l'utilisation de la cuvette de lit et de l'urinoir. Cela permet également d'éviter les évanouissements dans les toilettes, qui se sont produits dans un certain nombre de cas. Il est tout aussi important de garder les vêtements du patient, ainsi que sa literie, au sec. Le danger posé par les vêtements mouillés est mieux compris lorsqu'on se rend compte qu'une personne enveloppée dans un tissu humide perd de la chaleur plus rapidement qu'un corps nu. Garder au sec ces patients qui transpirent abondamment est une tâche considérable, qui doit cependant être fidèlement accomplie par l'infirmière, qui, lorsqu'elle retire les vêtements mouillés, doit frotter le patient avec une serviette chaude et lui mettre des vêtements chauds et secs, tout cela sous la couverture. Il ne faut pas aller jusqu'à réchauffer le malade. La température de la chambre ne doit pas dépasser 20 °C. De même, la ventilation naturelle de la chambre doit être assurée de manière à laisser entrer l'air frais, mais sans exposer les occupants au froid. »

Bien sûr, les médecins comme Fantus qui ont fait ces recommandations se sont vite rendu compte qu'il y avait un problème lorsque ces conseils ne semblaient pas êtres suffisants. Fantus poursuit : « Vu l'absence de traitement spécifique, la thérapeutique de cette maladie devait être symptomatique. Cette forme de traitement - souvent qualifiée avec dédain de "simplement symptomatique" - représente pourtant, à mon sens, le summum de la médecine. Peut-être que si nous utilisions plutôt le terme "thérapie fonctionnelle", comme cela a été suggérée, sa portée et son importance seraient mieux acceptées. Il est de notre devoir et de notre responsabilité de nous occuper des dysfonctionnements métaboliques du patient lorsqu'il lutte contre l'infection. Comme ces dérèglements sont de nature et d'intensité très variées, un traitement standard de la grippe est évidemment une absurdité. »

Les médecins ont souvent été confrontés à de fortes pressions de la part des familles qui voulaient faire quelque chose pour aider. La plupart ont su résister à ces demandes et utiliser leur position au sein de la communauté pour se faire entendre et obéir, mais trop souvent, les familles qui essayaient d'aider ignoraient leurs conseils et leurs instructions et entravaient inutilement le rétablissement du malade. Fantus mettait en garde contre cela en septembre 1918, en écrivant : « Le symptôme qui a peut-être attiré le plus d'attention thérapeutique, et qui l'a probablement le moins mérité, était la fièvre. Celle-ci était rarement assez élevée pour être préjudiciable au patient. Lorsqu'elle devenait trop élevée - dépassant, disons, les 40° - il était facile de la faire baisser par hydrothérapie ou au moyen de... médicaments. D'autre part, les douleurs et les courbatures dont souffraient beaucoup de ces patients constituaient un véritable sujet de préoccupation thérapeutique. C'est leur action analgésique, plus que leur action antipyrétique, qui a rendu les divers dérivés du goudron si utiles dans cette affection. ... La bonne gestion de la toux est sans doute d'une importance fondamentale. Si la rétention des sécrétions et l'obstruction des bronchioles favorisent le développement d'une bronchopneumonie, comme il est raisonnable de le croire, alors le fait de faciliter l'expectoration peut sauver la vie. J'ai eu la chance de rencontrer un certain nombre de patients chez qui, à cause de leur respiration rapide et pénible, de leur toux presque improductive et des innombrables râles au thorax, on craignait l'apparition d'une pneumonie, qui s'est résorbée de façon phénoménale en quelques jours, grâce à l'apport d'iode et à la consommation abondante de liquides. ... J'ai donc préconisé de faire boire un grand verre toutes les heures, quand le patient est éveillé, en lui ajoutant un verre de lait ou d'un autre aliment liquide toutes les deux heures, et un verre de limonade, de jus de raisin et d'eau, d'eau de Seltz ou de toute autre boisson toutes les deux heures, en alternance avec le lait. »

Fantus a également mis en garde ses confrères médecins de ne pas céder trop vite au confort d'un patient quand la santé de ce dernier était en jeu : « Je crois que la prescription d'un opiacé, seul ou sous forme de sirop complexe contre la toux, est une pratique néfaste, une porte-ouverte à la bronchopneumonie. On peut rencontrer occasionnellement un cas exceptionnel, où un patient avec un thorax exempt de signes cliniques ne peut pas dormir à cause d'une toux inutile et absolument pas productive. Dans un tel cas, une dose suffisante de codéine, 0,03 g par heure au coucher à raison de quelques doses, assure un bon repos nocturne ; et la prise d'une dose toutes les quatre heures pendant la journée permet de maintenir un certain confort. Cependant, lorsque la toux est productive ou qu'il y a des râles dans la poitrine, je crains, par expérience, de prescrire des opiacés sous quelques formes ou à quelques doses que ce soit. Quand bien même la prise d'opiacés n'est pas suivie d'une bronchopneumonie, elle prolonge la durée de la maladie, car la toux rebelle revient dès que l'opiacé est arrêté. »

Chapitre 9: Se protéger Contre la Maladie

« Pour se protéger contre les maladies de toutes sortes, il est important de rester en forme afin de pouvoir combattre les germes pathogènes. Pour cela, il faut travailler, se divertir et se reposer de façon adéquate, bien s'habiller et manger suffisamment d'aliments équilibrés bien sélectionnés. En ce qui concerne l'alimentation, il est utile de rappeler que le lait est l'un des aliments les plus complets que l'on puisse trouver pour les adultes comme pour les enfants. Lors d'une maladie comme la grippe, les autorités sanitaires reconnaissent partout le rapport très étroit entre sa propagation et la surpopulation. Bien qu'il ne soit pas toujours possible, surtout à une époque comme la nôtre, d'éviter la promiscuité, les gens doivent tenir compte du danger pour leur santé et faire tout leur possible pour réduire au minimum la concentration des foyers. On ne saurait trop insister sur les avantages de l'air frais provenant des fenêtres ouvertes. En ce qui concerne la prévention des contaminations directes par inhalation, il est très important de se protéger des personnes qui toussent ou éternuent sans se couvrir la bouche et le nez. Il faut également se tenir le plus possible à l'écart des foules et des endroits clos ; bien aérer les maisons, les bureaux et les ateliers ; passer un peu de temps à l'extérieur chaque jour ; se rendre au travail à pied si possible ; en bref, s'efforcer de respirer autant d'air pur que possible. » - Rapport du service de santé publique américain, préparé par le chirurgien général Rupert Blue

Lorsque l'épidémie de grippe a pris fin aux États-Unis, elle avait tué plus d'un demi-million de personnes, et peut-être même près de 750 000, soit bien plus que le nombre de soldats américains perdus au cours des deux guerres mondiales. On estime que près de 30 % des Américains ont souffert de la grippe avant la fin de l'épidémie.

Sans surprise, le taux de mortalité était plus faible dans les pays développés, mais en raison de la participation d'un grand nombre de ces nations à la Première Guerre mondiale, les soldats l'ont largement propagée bien loin. La Grande-Bretagne a perdu deux cent cinquante mille personnes à cause de la grippe, et près d'un demi-million sont mortes en France, le pays qui pouvait le moins se le permettre à l'époque. Le Canada a également perdu environ cinquante mille personnes.

Aussi terrible qu'il ait été dans les pays occidentaux, le bilan a été encore pire ailleurs, dans les régions moins développées. Le Japon a perdu des centaines de milliers de personnes, et les territoires d'Inde sous contrôle britannique en ont peut-être perdu jusqu'à 14 millions. Des chefs d'État comme le président brésilien Rodrigues Alves sont morts, et alors que la grippe ne tue généralement que 0,1 % des personnes qui la contractent dans le monde, la grippe espagnole en a tué environ 20 %.

Des écolières japonaises avec des masques en 1918

Compte tenu de la gravité de la pandémie, il ne fait aucun doute que les personnes touchées seront définitivement transformées. Cathryn Guyler a raconté comment le monde d'avant la pandémie était différent de celui qu'elle a connu plus tard : « En fait, mon père était très joueur et lorsqu'il m'emmenait en voiture, il s'arrêtait dans une épicerie qu'il connaissait et me faisait entrer, le propriétaire du magasin, dans son uniforme blanc, disait à ses employés : "Sortez secouer l'arbre à bonbons les gars". Je pense que je devais savoir que les bonbons ne poussaient pas sur les arbres, mais je n'aurais jamais renoncé à ce moment parce qu'il s'amusait et que je m'amusais et que tout le monde s'amusait, vous voyez. C'était un bien joli monde, mais c'était une époque innocente ; nous ne savions pas ce qui nous attendait. ... Quand ma mère est tombée malade, c'est là que j'ai su que nous avions un sérieux problème. Je ne le savais qu'à travers mes yeux d'enfant et mes yeux d'enfant avaient cinq ans. Je voulais aller dans son lit et ce n'était pas permis, ils ne voulaient pas non plus que je tombe malade, voyez-vous. Ils ont donc apporté un petit lit dans sa chambre. Ma mère m'a trouvée si malheureuse dans ce petit lit qu'ils m'ont amené dans le sien et elle m'a bordée dans son lit parce qu'elle n'aimait pas me voir triste. Et, bien sûr, comme vous pouvez l'imaginer, j'ai rapidement attrapé la grippe avec elle et cela m'a fait plaisir jusqu'à ce que cela devienne terriblement douloureux. »

L'un des plus grands changements dans la société suite à l'épidémie a été une meilleure compréhension du mode de transmission des maladies, ce qui a ensuite conduit à une plus grande implication du gouvernement dans la vie quotidienne des gens, notamment en ce qui concerne les réglementations sanitaires. En 1918, Rupert Blue, le chirurgien général du service de santé publique des États-Unis, a publié une déclaration qui stipulait : « Dans la plupart des cas, une personne atteinte de la grippe se sent malade assez soudainement. Elle se sent faible, a des douleurs dans les yeux, les oreilles, la tête ou le dos, l'abdomen, etc. De nombreux patients se sentent étourdis... En général, la fièvre dure de trois à quatre jours et le patient se rétablit. Mais même si le taux de mortalité est généralement faible, dans certains endroits, l'épidémie est grave et les décès nombreux... » Plus tard, il s'est battu pour que les soldats logés dans des camps militaires restent à l'écart de la population, insistant sur le fait qu'il était « important que la grippe soit maintenue hors des camps autant que possible ». À ce titre, la grippe doit être considérée comme une maladie distincte et différente de ce que l'on appelle « rhume, bronchite, laryngite, coryza, rhinite ou fièvre », qui sont des affections constamment présentes parmi nous et deviennent de temps en temps plus importantes.

Parallèlement, M. Blue a également déconseillé le recours aux remèdes traditionnels, reconnaissant que « le service de santé invite le public à garder à l'esprit qu'il n'existe pas encore de remède spécifique contre la grippe et que nombre des prétendus médicaments et traitements recommandés par les voisins, les charlatans et autres personnes font plus de mal que de bien ». En fait, le docteur Vaughan a confié à un ami au début de 1919 : « Si l'épidémie continue sa progression au même rythme, la civilisation pourrait facilement disparaître de la surface de la terre. »

Heureusement, la pandémie s'est arrêtée. Elle s'est éteinte à la fin de 1919, tout comme les fortes fièvres qu'elle a provoquées. À cette époque, la guerre avait également pris fin, redonnant au moins un peu d'espoir dans l'avenir. Bien sûr, beaucoup restaient préoccupés par leur santé, mais c'était un bien pour un mal. Vaughan, Blue et bien d'autres ont pu profiter de la virulence de la grippe pour persuader le Congrès d'étendre le rôle du gouvernement fédéral aux organisations sanitaires locales et de créer un « département national centralisé de la santé avec des pouvoirs bien plus importants que ceux dont le service de santé publique des États-Unis n'avait jamais disposé auparavant... ».

Vers la fin de sa vie, le docteur Vaughan s'est à nouveau penché sur ce qu'il avait appris pendant la pandémie, et bien que la grippe n'ait épargné personne dans tous les milieux, il y avait une part de vérité dans sa conclusion selon laquelle la grippe avait tué les meilleurs et les plus brillants éléments. Il a noté : « Je ne vais pas revenir sur l'histoire de la pandémie de grippe. Elle a fait le tour du monde, s'est rendue dans les coins les plus reculés, a fait des victimes parmi les plus solides, n'a épargné ni les soldats ni les civils, et a déployé son étendard mortel face à la science. ... Je revois ces centaines de jeunes hommes robustes, portant l'uniforme de leur pays, entrer dans les services de l'hôpital par groupes de dix ou plus. Ils sont placés sur les lits de camp jusqu'à ce que chaque lit soit plein et que de nouveaux arrivants s'entassent. Les visages sont bientôt bleuâtres ; une toux atroce fait jaillir des crachats tachés de sang. Le matin, les cadavres sont empilés comme du bois de chauffage autour de la morgue. Cette image est gravée dans ma mémoire à ce jour, l'hôpital divisionnaire de Camp Devens, en 1918, lorsque la grippe meurtrière a démontré l'infériorité des inventions humaines dans la destruction de vies humaines. ... Un vieil écrivain décrivant les épidémies de typhus en Irlande et en Angleterre a écrit que la maladie a

traversé une communauté, un peu comme vous ou moi traverserions un troupeau de moutons, en
choisissant les "plus beaux, les plus sains et les plus vigoureux". Notre découverte s'est
donc révélée n'être rien d'autre que de simples faits oubliés. La tendance de certaines infections à
tuer les plus forts a été confirmée lors des épidémies de pneumonie et de grippe de la guerre
mondiale. Ces maladies n'améliorent pas la race en tuant les plus faibles comme le croyait
Herbert Spencer, mais comme la guerre, elles détruisent les meilleurs éléments de la
nation. Parfois, on entend encore dire que les médecins nuisent à la race en préservant la vie des
plus faibles, qui étaient autrefois tués par la maladie, surtout durant l'enfance. »

Bibliographie

Barry, John M. (2004). *The Great Influenza: The Epic Story of the Greatest Plague in History*.
Viking Penguin.

Bristow, Nancy K. *American Pandemic: The Lost Worlds of the 1918 Influenza
Epidemic* (Oxford University Press, 2012)

Collier, Richard (1974). *The Plague of the Spanish Lady – The Influenza Pandemic of 1918–
19*. USA: Atheneum.

Crosby, Alfred W. (1976). *Epidemic and Peace, 1918*. Westport, Ct: Greenwood Press.

Crosby, Alfred W. (2003). *America's Forgotten Pandemic: The Influenza of 1918* (2 ed.).
Cambridge: Cambridge University Press.

Duncan, Kirsty (2003). *Hunting the 1918 flu: one scientist's search for a killer
virus* (illustrated ed.). University of Toronto Press.

Honigsbaum, Mark. *Living with Enza: The Forgotten Story of Britain and the Great Flu
Pandemic of 1918*.

www.ingramcontent.com/pod-product-compliance
Lightning Source LLC
Chambersburg PA
CBHW081403160726
48000CB00010B/3458